相続の処方箋

未熟な税制と
新・資本主義の
メカニズムから見える
資産運用術

芦原孝充
Takamitsu Ashihara

発行／日刊現代　発売／講談社

※本書で取り上げている税制や法律は、原則として2023年12月時点のものに基づいています。また、本書の内容は筆者の個人的な見解を解説したものであり、記載された情報に関しては万全を期していますが、内容を保証するものではありません。本書の情報を利用した結果による損害、損失についても、出版社、筆者並びに本書制作関係者は一切の責任を負いません。
※本書における「都心一等地」とは、東京都心部の優良不動産（土地・建物）を意味します。

はじめに

「相続が3代続くと財産がなくなる」とは、資産家や富裕層の間ではよく知られた言葉ですが、「何もしなければ、財産は受け継ぐだけで確実に目減りしていく」という意味合いを示します。

こうした目減りの原因は、主に相続税制によるものです。わが国の相続税率の高さは世界でもトップクラスであることから、ある程度の資産をお持ちの方は、相続をする度に財産の約半分が税金として流出することになります。また、その相続に際しては、家族の結婚や独立といった理由による相続分の流出がこれに加わります。

よほどの資産家であったとしても、相続が3代続いた頃には、かつての「家」の格式や体裁など、保てない状態になってしまうことから、そうした言葉が語り継がれているのです。

しかし、財産が失われてしまうのは、何もしなかった場合のことです。

しっかり対策すれば、3度の相続を経ても、財産を減らすことはありません。

筆者は税理士の立場で、さまざまな方々の資産・税務に関するコンサルティングを執り行ってきました。財産を失わずに済む方々には、ある一定の特徴があります。本書では、そのメカニズムについて筆者と読者の皆さんとで、ともに考えていきたいと思います。

第1章では、相続税制度と「家のあり方」について考えていきます。財産や相続税を考える、または、それに取り組む際に、土台となる部分が家や家族のあり方なのです。土台が強固なほど、財産は流出しにくいのではないでしょうか。

第2章では、資本主義経済のメカニズムについて深掘りします。わかっているようで実はわからないのが、資本主義経済の基本構造です。これについては、学校では誰も教えてくれません。一流大学の経済学部に通ったとしても知ることはできないでしょう。本書の中では、そのヒントを皆さんと一緒に考えていきます。

20世紀の100年を振り返ると、先進国の資産は約1万数千倍に成長しました。私たちのフィールドは、約7年毎に2倍に成長する速度で変化を遂げてきました。この〝7年で2倍〟が20世紀のベンチマークです。本書では、これをヒントにします。

第3章では、「都心の一等地」の優位性について読者の皆さんとともに考えていきます。都心一等地の優位性とは、㋑ベンチマークと連動する成長資産であること、㋺相続税から切り離された資産であることです。この二つを具体的にイメージしていきます。

本書を読んで考える前と後とで、皆さんにどのような変化が起きるか、いまから楽しみです。それでは、ご一緒に考えてまいりましょう。

相続の処方箋　目次

第2章 マネー・システムと付加価値を考える……53

第3章　都心一等地の優位性を考える……95

第1章

日本の未熟な相続税制度を考える

富裕層を苦しめる課税強化

財務省によれば、2023年度の国民負担率は46・8％の見通しです（2023年2月21日発表）。その内訳は国税・地方税28・1％、社会保障負担18・7％——財政赤字負担分を加えると、約54％にも上ります。

「五公五民」という言葉が思い浮かぶのは、本稿を書いている筆者だけではないように思います。増加の一途を辿る税と社会保障の負担は、留まるところを知りません。

そもそも「五公五民」とは、江戸時代の年貢の徴収割合を指した言葉で、米の収穫の半分を領主に納めて残りの半分を農民に残すというものです。昨今の状況においては、「税金をとるなら、庶民よりも金持ちからとれ」といった声もよく聞かれます。本書をお読みの皆さんの中には、そうした風向きが富裕層へ向かいつつあることを実感する方も、少なくないのではないでしょうか。

たとえば、「金融所得課税の強化」――富裕層に対する不公平と格差是正を象徴する出来事に「1億円の壁」があります。累進課税の給与や事業などの一般的所得に比べて、金融所得の税率は一律20・315％――株式などの金融資産を所有する富裕層ほど、所得1億円を境に租税負担率が低くなることが以前から指摘されてきました。

この「1億円の壁」をめぐる議論は、岸田総理の自民党総裁選出馬時に動き出し、与党税制改正大綱を経て2023年3月に法案が可決・成立しました。その影響は、当初の予想に反して、所得20億円を超える日本のトップ300人を対象に、約500億円の増税に留まるものと考えられていますが、筆者は高を括っていられるような状況にはないものと考えています。今後予想される課税強化と「マイナンバー制度」の実施は目の前に迫っています。後から本格的な増税が押し寄せてくるのではないか、と考えられるのです。

「相続税と贈与税の一本化」も、私たちに降りかかる課税強化のひとつです。相続税は死後の財産移転、贈与税は生前の財産移転にかかる税金です。これらの一本化は、財産をいつ移転しても税額が変わらないようにするものです（令和6年1月1日贈与から適用）。

これまでは、毎年小分けに贈与を行えば、相続時の負担を軽くすることができました。しかし、一本化によって税負担が重くなるだけではなく、家族間の計画的な財産移転が難しくなります。

また、平成25年度の税制改正（平成27年1月1日適用）以降、相続税の基礎控除が【3000万＋600万×相続人の数】に引き下げられました。標準的4人家族の場合、【3000万＋600万×3人】の4800万円で、誰もが相続税の対象に組み込まれていると考えるべきなのです。

3000万円＋αのラインを超える層の人々は、自らの労働により収入を得て家族の生活を支えようと懸命に働く方々です。その収入の一部は既に所得税という形で納税し、その残余財産にまで相続税を課税するのは二重課税であることは否めないばかりか、「五公五民」が中間層にまで及んでいる実態が見てとれます。

とにかく財源を確保したい、という近年のこのような政府の姿勢は、安易に相続税の課税対象者の範囲を広げ、本来ならする必要のないところまで手を伸ばしているような印象を受けます。「財産」について意識や知識の薄い人たちが、このような形で相続という現実に向き合わざるを得ず、争いや諍《いさか》いを伴って混乱、錯綜《さくそう》していく姿をよく見るようになりました。

課税強化の動きは、米国の民主党政権と歩調を合わせるようにして、国民を苦しめています。その背景にあるのは、グローバリゼーションと民主主義の変化であるように思います。

こうした動きに抗うことは難しく、まさに「相続が3代続くと財産がなくなる」を地で行く、厳しい状況に陥ることが想像されるのです。

相続税制度の実情

わが国の相続税制度は、まだまだ未熟です。一生のうち一度か二度しか相続を経験しない一般の方々には、あまり理解されていないことではありますが、この未熟さを端的に表しているのが、先の「相続が3代続くと財産がなくなる」の言葉です。

この表現に対し、多くの方々は「相続すると、相当な税金を搾り取られる」という意味合いを想像するようですが、実はこれは、わが国独自の相続税制度に起因するものなのです。

現在の日本において財産は、相続順位の同じ者（兄弟姉妹）の間では「平等に分ける」ことを考え方の基本においています。兄弟姉妹が2人いれば2等分、3人なら3等分……。この均等相続の下では、子どもが多いほど、財産が外部に流出していくということになります。

単純に、兄弟姉妹3人のうち2人が独立した場合、家の財産が一気に減っていく。こうした状況から、財産は3代でなくなるという事態に陥るわけです。

この表現が使われる背景には、これまで日本において伝統的に行われてきた「家督相続」の存在があったからだと推測されます。

戦前までの相続は、家督制度が主流でした。家督相続においては、家族の主となる代表者のみが家の財産や権利を継承することができました。家長が親の財産の100％近くを受け継ぐことで、代替わりの際の目減りをなくし、一家は何代にもわたって安定的に財産を相続できたのです。

ところが、わが国の戦後改革では、民法に「均等相続」を導入しました。兄弟姉妹の間では財産を均等分割する考え方が主流になっていったのです。

均等に相続すれば、あっという間に財産が流出するのですから、「家」が続くはずがありません。「財産が3代でなくなる」とは、戦後180度変化した家のあり方を指す言葉でもあるのです。

一方の相続税は、民法をベースにした税制度です。相続という行為に対して税を取ろうとする目論見ありきで作られた相続税は、民法の法体系に後付け的に手を加えた仕組みであることから、「細かい部分で矛盾がある」、「法律的に詰めきれていない」などと考えられています。

しかし先に述べたように、一般的に相続に直面する機会は、人生で一度、二度くらいのものです。したがって、一般には「そういうものか」と、とくに問題視されることもなく通りすぎていくように思います。

骨抜きになった相続税制度の変遷

なぜ、日本の相続税制度はこのように「未熟」なものになってしまったのか。ここで、日本における相続税制度の変遷についてお話ししていきましょう。

前述のように、古来の日本は「家督は長男が継ぐ」という認識が一般的でしたが、そこには相続に対して税金をかけるという発想はありませんでした。その潮目が変わったのは日露戦争のときです。

日本政府は巨額の戦費を調達するために「相続税」を創設しました。しかしながら、戦争に要した費用約20億円に占めるその相続税の割合は0・1%（200万円）に過ぎませんでした。

当時から昭和24年までの間、わが国では「遺産課税方式」が採用されました。これは現在のイギリスやアメリカなどでも採用されている課税方法で、被相続人（亡くなった人）の遺産の中から遺言執行人が相続税を支払い、残りを相続人で――遺言（遺言がない場合には法定相続分）に従って――分割します。この場合、被相続人が納税義務者となることから、相続税というよりはむしろ、「遺産税」という呼び方がしっくりきます。

しかしながら、他の先進諸国が民主的な法体系の下に、遺産課税を運用していたのに対して、わが国では国側が一方的に課税価格を決定し、「異議があるなら通知から20日以内に申し立てよ」とする封建的な運用方法（賦課課税制度）が採られていました。

このように、西欧列強に倣い採り入れたものの、西欧とは異なる運用で走り出しました。そして、戦後になってからは昭和22年、納税者自らが課税価格を決定する「申告納税制度」に、25年には、アメリカのシャウプ勧告に基づく税制改正により「遺産税」から「遺産取得税」へと仕組みが１８０度切り替わりました。

GHQの招聘《しょうへい》により来日したシャウプ博士は、「現行の相続税法（遺産課税）は、巨富の急速な蓄積とその保全を助長している」として富の集中蓄積を阻止することを提言、それを採り入れたのでした。そして、昭和33年の改正では遺産税的な要素が含まれる「法定相続分の課税方法」がそれに加わり、日本独自の相続税制度が形づくられたのです。

もうひとつ重要なのは、戦前の日本には、旧憲法における民法上の家族制度に即応した「家督相続」と、「遺産相続」の二つの相続形態が存在したことです。相続税法もこれに対応し、家督相続の場合には低い税率が課せられていました。

「家督相続」とは、一家の戸主という権利・義務と財産を引き継ぐ制度で、戦前の民法では、戸主の死亡や隠居のときには「戸主」たる地位を受け継ぐ者が、財産も相続すると定められ、古くから日本に根ざした家のあり方でした。しかし昭和22年の憲法改正により、その法的効力を失い、相続税においても遺産相続に対する課税一本となりました。

このように、明治38年から昭和33年にかけて相続税を取り巻く状況は、ジェットコースターのように上下動と左右逆転を繰り返し、変貌を遂げていったのです。つまり、憲法改正によって数百年にわたりわが国に根ざしていた「家督制度」が法的に消滅した、それが骨抜きになったいまの相続税を形づくっているのです。

海外の相続事情から

ここで、海外の相続事情に目を向けてみましょう。海外の小説や映画、ドラマなどで、貴族や富裕層の相続にまつわる作品を目にする機会も多いと思いますが、その実情は、似ているようで非なる仕組みであったり、相続に対する概念の違いなど、日本人の我々からすると思いもよらないものであったりします。

わかりやすいのが、イギリスの人気ドラマ「ダウントン・アビー」です。この物語は20世紀初頭のイングランドが舞台で、ある貴族の相続が巻き起こす人間模様が描かれています。物語の舞台となるグランサム家では、先祖が「家」の弱体化を防ぐために限嗣《げんし》相続の遺言を残しました。それによって、子孫たちの人生がその遺言に縛られ翻弄されていくというストーリーです。

具体的には、「血を引いた男性のみに伯爵家の爵位と財産を相続させる」とする遺言により、当主から辿って一番近い男系の親族でなければ相続人たり得ないことから、次の相続人には父の従弟の息子にあたるパトリック・クローリーを予定し、長女メアリーとの結婚を約束していました。しかし、パトリックは不慮の事故で亡くなり、次の相続人候補（兼メアリーの婚約者）を探すことになります。そこで、遠縁のマシューなる青年が相続序列のトップに躍り出て、そこからドラマが展開していきます。

ドラマの重要な要素となる「限嗣相続」ですが、これは財産の贈与や売却で一族の財産を流出させないようにするために、先祖が遺言によって相続方法を限定する制度です。「ダウントン・アビー」でいえば、先代が「限嗣相続」を遺言したために、現当主はそれに従うしかありません。この制度は法律ではなく単なる慣習なのですが、遺言自体に法的拘束力があるので従わざるを得ないわけです。

このように、当該者に決定権がない相続方法――そして家族ではない人間が家の相続人になるというのは、かなり違和感のあることのように思われますが、「財産は一族・一家のものである」という認識と、「決して個人に帰属するものではない」という考え方がベースになります。

遺産が相続されるにあたり、その権利や遺産そのものが直ちに相続人のものとなる日本のあり方とはかけ離れていることが、このドラマに顕著に表れています。

家の概念が変化した

ここでもう一度、日本本来の相続制度に立ち返ってみましょう。

元来、日本は家父長制度の風土でした。一家の主たる家長がすべての権利と責任を負い、家族を取りまとめていくという方式です。そして、家長の死に際しては嫡男がその役割を受け継ぎ、家系を継続させていきます。

この家父長制度は、中世に台頭した武士の生活様式の影響を受けているといわれ、当時の武士における一族の結合形態である「惣領制《そうりょう》」がそのもとであると考えられています。鎌倉、室町、安土桃山、江戸と長きにわたり武家社会が続いたため、日本では家父長制度が当たり前の家族形態として根付いてきました。

武士のトップである「徳川家」がその顕著な例で、血筋を途絶えさせることなくいかに「家」を継続させていくか、また、そのときどきで優秀な人材を登用し「家」が衰えないように、廃れないように力を保ち、いかに存続させていくか——これが「相続」の基本的な考え方であり、最重要課題だったのです。

この考えを突き詰めていくと、究極的には一族の血縁にこだわる必要はありません。長男でなくても、他人でもかまわないのです。武家でも商家でも養子を迎えて「家」を存続させることが、ごく一般的に行われていました。

ひとつの事例があります——大谷翔平選手のコマーシャルでおなじみの

布団の「西川（西川株式会社）」は、室町時代に創業した老舗の名門ですが、代替わりの際に、血縁主義にとらわれず養子を迎えて継がせることが当たり前の風土であったと聞いています。

15代目当主である西川八一行社長は、もともとは銀行員——同じ職場で西川家のご息女と知り合い結ばれた、とのこと。そうした外部に優秀な人材を求め抜擢する懐の深さが、450年も繁栄し続ける名門を創り出しているのでしょう。

また、西川家に限らず、三井・住友といった大財閥や「大店《おおだな》」では、そのような考え方が普通に、誰も疑うことなく浸透していました。商売人というのは、どうすれば事業を長く続けていくことができるかということを一番に考えるものですから、感覚としてそれがベースにありながら経験的に、血筋にこだわらずに継承していくことの重要性を認識していたのではないでしょうか。

相続の目的は、家の存続と一族の共存です。したがって、家督を引き継いだ者は、どのように家系を守っていくか、という使命感に基づいて行動することになります。

たとえば、長男が財産や権利のすべてを継承したとしましょう。家を存続させるために他の兄弟にも一定のお金を分け与え、娘を嫁に出すとなれば嫁ぎ先にも持参金を持たせるなど、家族が経済的に困窮しないように世話をする――こうして「家」の影響力を強め、一族がそれぞれ工面しあってともに繁栄していく共存共栄の仕組みが確立し、これが日本における「家督制度」として発展していったのです。

しかし、武家社会が崩壊し、明治維新とともに近代化の波が日本を飲み込むと、西洋の文化と法律が採り入れられ、家をどう存続させるかという相続の命題（意味）が、先に述べたような変遷の中で、しだいに「どのようにしてお金を守るか」にすり替わり、お金のやり取りが相続の中心軸に据えられるようになっていったのです。

現在も続く矛盾

こうして相続は、いつしか「家族が血縁者を守る」から「お金で自分を守る」という発想へ変化していきました。

こうした意識の変化は、単なる時代の変化によるものではありません。ひとつには、憲法の改正が「家督制度」の廃止に直結したこと、ひとつは、先に述べた通り、相続税制度の「歪み」が顕在化したことによるものと考えられます。

ここでは、その「歪み」について言及していきたいと思います。

繰り返しになりますが、わが国は欧米に倣い「遺産税方式」による相続税制度を導入したものの、その実態は日本独自の運用方法を採っていました。

たとえば、納税義務者の点では、欧米では亡くなった方（順番では父親）がその義務を負い、日本では相続人（子ども）が負うというように、お手本とした欧米元来の仕組みとは形態が異なるものでした。また、申告方法に関しても同様に、日本では「お上」が税額を決定していました。相続人はよほどのことがなければ、黙ってそれを受け入れるしかなかったのです。

そもそも遺産税という制度は、欧米では、被相続人が生前に終活のひとつとして、「誰にどの財産を残すか」に取り組むべきはずのものでした。しかし日本では、相続人不在の相続税制度が明治38年の創設当初からスタートしたのでした。

そうした独自の運用方法自体は、古来よりわが国に根ざした家督制度を基本に置いたものであり、その意味では当時の日本において馴染みのよい、よく考えられた仕組みであるということができます。

このように、日本の風土・文化に即応した形で、相続税は人々の間に浸透していったのです。しかしながら、戦後、家督制度が廃止されると、相続税の制度は、その中心軸を失ってしまいます。

この点は、先に述べた通り、GHQの狙いが正にその軸を取り外すことにあったのですから、敗戦国日本にはそれを受け入れざるを得なかったのだと思います。

そして、それに追い打ちをかけるようにして、二つの税制改革——①申告納税制度の採用、②遺産課税から遺産取得課税への180度の切り替え——が、同様にアメリカの外圧によって行われました。加えて、法定相続分課税方式が導入され、現在の相続税制度ができあがったのでした。そしてその後は、それほど大きな改正はないままに今日に至っています。

戦前までの相続税制度は、相続人不在とでもいうべきもので、戸主以外の家族は、相続に直接的にかかわるということがその制度上からも必要とされることは少なかったのです。しかしながら、戦後になるとその状況が一変しました。申告納税制度の下では、家族のうち相続人に当たる者は、自分たち自らが遺産の分け方について話し合い、その纏《まと》めに基づいて申告しなければならなくなりました。

一般に相続というものは、一生のうち一度か二度しか経験しないものです。そして大概は、自分の周りにその経験者がいれば、どのようなものであったか聞いて参考にすると思いますが、戦後の相続税制の考え方が日本人の中で周知されることはなく、民主的相続税方式の一方的な押し付けに対して困惑したことは想像するに余りあります。戦前までの受動的姿勢から一変して、能動的に主体的立場で取り組むことが求められたのでした。

こうして、わが国の相続税制度に内在していた歪みが一挙に顕在化し、その歪みは修正されることなく現在に続いているわけです。

民法改正と遺産分割——人々の考え方

アダム・スミスは『国富論』の中で、次のように述べています。18世紀のイギリスでは「比較的恵まれた兵士の子どもでさえ、13、14歳まで生きられるのはごく少数のようである」と――。

昔のことを知っている人たちには、違和感がないことかもしれませんが、いまの時代とは違って、昔は子どもが生まれても、どの子も元気に育つとは限りませんでした。そうしたことから戦前までは、5人、6人といった子だくさんが当たり前でした。

医療技術や生活環境の点で、現在とは比べものにならないほど未熟な状態にあったことから、家の存続のためには、子どもをたくさん生み育てる、それが当時の一般的な考え方であり、理に適っていたのです。

しかし戦後になると、先にお話ししたように、民法が改正され、均等相続の考え方が広く一般に浸透していきます。戦前の「相続人不在」の相続制度から、相続人全員が主体の制度へと一変していったのです。これによって、相続の権利を主張せずにいた人たちが主役となり、それを主張することが当然の権利であるかのような誤解が生じたのでした。

戦前の家督相続の下では、相続人の数がどんなに多くても、家族の中で大きな問題が起こることはありませんでした。しかし、戦後には、相続人の数は、遺産分割の困難さを示すバロメーターとなったのです。

戦前の名残で、頭の中は昔と大きく変わらない――そうした古い考えが残る中で、新しい制度や民主的な物事を迎え入れる作業が必要でした。

それはいわば、水槽内の水の滞留にも似ています。水槽に新しい水を注ぎ入れていく、その一方で古く濁った水が底に沈殿し、細菌や原虫などが増加していく――こうしたことが、戦前から戦後の時代変化の中で起こったのだと考えられます。

さまざまな変化を遂げる中で、相続や遺産分割に関しては、民法改正が大きく影響しました。

さて、戦後の民法では、共同相続人の相続分について次のような考え方を基本に置いています。第一に「遺言によること」、第二に「遺言がない場合には民法の定める法定相続分（兄弟姉妹は均等相続）によること」が定められているのです。このことからもわかるように、民法では被相続人の意志を最優先しています。
これによると、「遺言がない場合には、兄弟姉妹は（2人の場合）各2分の1」と読み取れるように思えるかもしれませんが、しかしそれは、争いになった場合のことです。法定相続分が定められていることから、「その割合で分けなければならない」というような考え方をする人もいるようですが、しかし、それは間違いです。そもそも、民法の規定と実際の分け方とは次元を異にするのですから――。つまり、本来ならば、家督制度に見られるような、「家」独自のあり方や、考え方、現在に至るまでのさまざまな事柄が、考慮されて然るべきなのです。

繰り返しますが、遺産分割の仕方は、それぞれの家族ごとにさまざまな分け方があるはずだと思います。誰がどの土地を相続し、誰が先祖の墓を守っていくのか、母親の面倒は誰が見るのか……など、これらは、法律に縛られるものではありません。分け方のみならず、その比率も法定相続分には縛られることはないのです。

しかしながら、日本人の気質とでもいうのでしょうか、「お上に決めてほしい……」という考え方がいまでも、頭の中のどこかにあるように思えてなりません。

明治から今日に至る法改正のねじれが原因とはいえ、そうした「お上頼み」から抜け出せない状況は、私は「良し悪し」だと思っています。たとえば、相続税に関していえば、法律よりも通達が優先されています。法律は国民の代表が国会で決めるものですが、通達は国税庁が決めるもの、その通達が網の目のように行き渡り、税務行政に多大な影響力を与えているからです。

通達が法律に優先する

相続税申告においては、財産をどのように評価するかが申告内容を左右します。その相続財産の中には、現金預金や上場株式などのように比較的容易に時価評価できる資産もあれば、不動産のように「時価」といわれても実際は評価しようがない資産もあります。

そこで登場するのが「路線価」です。皆さんもご存じのように、全国の道路に面した土地の価格を国税庁が定め、それを相続税申告の際に用いることが実務的に一般化しています。この路線価などは、お上が示してくれて非常に助かっているもののひとつといえますが、これは法律でなく通達でその細部まで定められているものなのです。

このように便利な路線価ですが、諸刃の剣であるということは否定できません。それを悪用しようとする者もなかにはいるからなのです。

実際のそうした事例のひとつに、「最高裁2022年4月19日判決」があります。それについては第3章にて詳しい説明を行いますのでここでは触れませんが、路線価を逆手にとった相続対策の不成功がさまざまな形で波紋を呼び、実務現場に混乱を引き起こしています。

そうしたさなか、当事務所では、いち早くそれに対応し、2020年3月31日付の産経新聞に不動産評価に関する考え方の基礎を示しました（図1）。

図1　2020年3月31日付「産経新聞」

広告

都心一等地への資産組み換えにより、相続税評価額を圧縮

大幅な相続税評価減を実現

相続後にも資産を拡大し続けるには？
相続でお悩みの方へ、有効な対策をご提案します。

芦原会計事務所

TEL:03-5801-0815

https://ashihara-kaikei.com/

全員主役の相続税

全員主役の相続税、それが戦後の相続税制度です。相続人の誰一人欠けても、遺産分割はできません。遺産分割ができなくなると――10年、20年という時間の経過とともに、相続人が亡くなり、当該遺産分割の主役がネズミ算的に増えていきます。はじめは兄弟3人で話し合えば済むことが、その子どもたちが遺産分割の枠の中に加わります。このゲームは反対者が一人でもいたら、遺産分割できないルールで行われます。

では、ここで実際に相続が発生した場合のことを考えてみましょう。まず、相続発生直後、預貯金が凍結されます。亡くなったその日から、お金がおろせなくなり、振込や引落も一切できなくなります。株式についても同様です。これらは、遺産分割協議（または凍結解除の相続人全員の申し出）が終わらない限り、どうすることもできません。

また、相続人に配偶者がいる場合、最大で税額の50％を（小規模の相続では１００％まで）軽減することができますが、これもできなくなります。

他方、相続税は亡くなった日から10か月で納めなければなりません。現金一括納付が原則です。その算段が付かなければ、最短で納付期限から約10日で財産の差押えが入ります。実務の運用としては、少額ならばそこまで即座に、ということはないでしょうが、高額に上る相続税の場合には直ちに入るのが基本です。

差押えの対象は相続財産に限らず、各相続人の固有の財産に及びます。自分の預貯金も、住んでいる家も、その対象です。このように、突然の「人の死」という予測できない出来事に起因して、何も手を打たなければ、（最短）10か月と約10日で差押えられてしまうという時間勝負の問題解決を迫られることになります。

一方、こうした状況に対して、古くからの商家などでは、家督相続の名残りから、葬式に集まった親族（相続人）に相続放棄の書類を預け、次の四十九日には持参するよう求める習慣がいまも生きづいています。こうした知恵が当たり前のように通用しているのは、家族親族間の良好な関係性、「家」を大切に思う心、先祖を尊ぶ想いが培われているからこそのことで、家のあり方がよく現れたエピソードだといえるのではないでしょうか。

血縁という凝固剤

血縁が凝固剤の役目を果たし、家族の結束が固かった時代には見られなかったさまざまな問題が、相続の現場で噴出しています。

誰もが、相続税を少しでも安くしたいと考えるものです。少ないに越したことはありません。税理士はそのためにいる、というのもその通りです。

しかし、税金の流出を出来る限り少なくし、スムーズに進めるためには、相続人と税理士とが歩調を合わせることが大事です。

さらに、相続に際しては「家族の結束」が試されます。相続とは、相続人全員の共同作業にほかなりません。10か月という限られた期間に、①相続財産を確定させ、②それを評価し、財産目録にまとめたうえで、③どのように分配するかを話し合い、④それを書面化し、申告書に反映させ期日までに申告し、⑤期日までに納税する――少なくとも①から⑤の作業が必要になります。

そして、その中で最も重要なのが、③「どのように分配するかを話し合うこと」です。これについては既述の通り、「反対者が一人でもいたら」……大変な事態になります。

相続に際しては、常日頃の家族間の風通しが大切です。関係性が良好なほど、これらの共同作業はスムーズにいくからです。

読者の皆さんは、ここまでのところでお気づきでしょうか。

かつては、家督制度の下で家族は知らず知らずのうちに結束し、強固な関係性を保っていましたが、戦後には、結束を支える中心軸が取り払われてしまいました。しかし、実際には結束しなければ、その難局を乗り越えることができないルールの下で相続の仕組みが成り立っていることを――。

つまり相続において重要なのは、本書にて繰り返しお話ししているように、日本本来の家族のあり方を捨ててはいけない、ということです。どのような結果が導き出されるか――それは私たちの足元にあります。

なぜ、遺言を残さないのか？

本来ならば「遺言」にしておくことが望ましいのですが、実際に遺言を作成する方は残念ながら少ないのが実情です。遺言は、まだまだ一般化していないということです。

その望ましいはずの遺言を残さないのには、一般の方々からすれば、馴染みがないということもその一因かもしれません。しかし、矛盾するようですがその一方で、遺言を作成することで納税額が逆に増えてしまうことがあります。

それは、相続税は財産の分け方によって税額が大きく変動するからなのです。――つまり、「納税の最適値」と「どのように遺産を分けることが家族にとって望ましいか」という二つの点は、二律背反してしまうのです。

遺言は法的実効性を持ちますから、安易に作成してしまっては逆効果になりかねません。それには周到な準備が必要です。時間、労力、費用の点で、「しっかりした相続税対策をするんだ……」という決意のようなものが、家族全員に求められるのです。

そうした団結と意思決定ができる家族であれば、ぜひとも、事前の相続税対策を行うべきです。それによって確かな結果に結び付くことが期待できます。

また、現在では民事信託を活用し、被相続人の意志を具体的に反映した分け方や家族のあり方といったことまでも指定できるようになりました。このようにして、意志を家族に正確に伝え、同時にそれを伝え聞いた家族がそれを尊重し忠実に従うことで、大切な財産の不要な流出を避けることができるのではないでしょうか。

名門の家系に共通する特徴

先ほどは「家」の概念に関連して、古くから続く名門の家系のお話をしましたが、200年、300年と続く名門の家には、ある種の共通する特徴があります。

繰り返しますが、ひとつは、「家族を大切にする」ということです。それは同様に「先祖を大切にする」ことにも繋がります。

先祖を敬い家族を大切にする、そうした自然の振る舞いを、生まれたときから身につけていく、またその子どもにも同様に受け継がれ、代々にわたり受け継がれ続けていきます。

そしてそのことは、結婚という大事な場面でも同様に、同じ遺伝子をもった家系と結び付いていきます。それは単なる言葉によるものではなく、その家に宿るお徳とでもいうのでしょうか、不思議にも、そうした結び付きというものが引き付けられ結び付けられていく、そういうものだと思います。

日本では昔から、神仏を拝み敬う文化があります。名門の家系にはそうした文化が古くから息づいています。

日本には中国から仏教が伝来し、一方では古来より神様を祀ってきました。名門家に脈々と続く隆盛は先祖のおかげであり、その先祖を支えてきて下さった神仏をも同様に大切にし続けている、そのような慣習が家のあり方を形づくり、家の求心力に作用しているといえるのです。

もうひとつは、名門の家では「時間軸が長い」という特長があります。これも既述の、先祖を敬い身近に感じることと共通する観念です。

たとえば、江戸時代に建てられた古い家に住み、先祖が集めた陶磁器などの古美術を身近に感じ、祖父が生まれたときに植樹した桜の花を愛でるなど、そうした暮らしの中では、その観念の先にある時間軸は100年、200年、300年……と、なっていくのではないでしょうか。

時間を味方につけることができる、それが成功のカギです。そして名門家のすべてといっていいほど、どこの家も、時間が味方をしています。

こうした長期の時間軸こそ、本書の中心テーマと結び付く考え方なのです。

GHQの策略と日本潰し

名門家といえども、相続を乗り越えるのは大変です。既にお話しした通り、民法は「均等相続」を基本のひとつに置いています。相続税法のほうも同様に「法定相続分」を計算基礎に置くなど、戦後の相続を取り巻く環境は、戦前の家督制度のそれとは180度の変化を遂げました。

民主的制度といえば聞こえはいいかもしれませんが、しかし現行の相続税制度は、財閥解体、農地解放と並ぶGHQによる名門家潰し（今後また出現することのないように）にほかなりません。

そのため戦後の日本では、富裕層が長期にわたり成長することができません。財産を流出させ、家族をバラバラにする力が働いているのです。その作用に従えば、3代も経たずして財産はなくなり、親族が助け合うどころか、むしろ関係性は希薄になり、中には相続によって離散する家族も増えていきます。

こうして、古き良き日本はどこにも見ることができなくなっていきます。

家が家族を守るという概念が崩壊すると、家族はしだいにバラバラとなり、最後は離散します。いまの日本は、そのような方向へ向かっています。そして、それは社会主義化したこの国のあり方とよく似た現象です。

かつては、自主自立の考え方が、どこの家族にもありました。それが日本人の美徳ともいうべき基本精神でした。裏を返せば、日本人を骨抜きにするというGHQの狙い通りになったということもできるでしょう。

しかし当時のGHQは、ここまでのことを予測していなかったのだと思います。民主主義的な新制度を受け入れた日本人の中で、どのような化学反応を起こすかなど知る由もなく、壮大な実験が行われました。――戦後間もなくの日本では、「租税」のみならず「メディア」や「教育」などの分野にそれらが入り込み、いまなお、私たちは民主主義という名の歪んだ重荷を背負わされているのです

金持ちが消えていく

家督の概念が薄れていく中で、核家族化が進み、「親は親、子どもは子ども」といった多様な考え方が一般的になるにつれて、家族関係も希薄になり、いつしか「国が個人を守る」ことが当たり前のようになっていきました。

しかしその一方で、財源となる税源は「金持ち」に向かいます。「とれるところからとれ」といった風潮は増すばかりです。

さて、「金持ち」とはいったい何でしょうか？　物心がついたときには誰しも理解する言葉ではありますが、しかし、定義となると答えはバラバラです。

一般的にイメージされるのは年収ベースの基準です。きりがよいことから

「年収1000万円以上」などと昔から考えられているようです。しかし、その定義は、見方によってさまざまです。

本書における定義は、純資産ベース（資産−負債）で判断します。年収は参考でしかありません。そして最も重要視するのが複利の成長率です。このように金持ちの定義は難しいものの、今日的状況をふまえると、ざっくり純資産10億円越えのイメージではないでしょうか。

「未曽有の金余り」ともいえる状況に私たちは直面し、日本中にはジャブジャブとお金があふれかえっています。「お金の使い道がなくて困っている」などと、贅沢な悩みをお持ちの方が少なくありません。これについては本論から外れてしまいますので次章に譲ることにしますが、とにかく、東京の中心部ではそれが顕著です。

2013年の日銀による金融緩和以降、純資産10億、20億円といった方が、普通の暮らしをする方々の中に増えました。読者の中には、「10億円とはいささか大げさじゃないか」とお考えの方もいらっしゃるかもしれません。しかし考えてみてください。2000年の金価格は約1000円未満

（g）でした。しかしそれがいまでは、10000円を超えています（2023年12月4日先物価格）。このことからしても、お金の価値は約10分の1になっているのです。

要するにここでいいたかったことは、世の中が二極化しているということです。同様に、世界的に見た場合には、二極化は限りなく極大化しているということです。

それに伴い、金持ちを示すラインも上方シフトしています。この状況は、マネーのバランスが崩れ始めていることが原因です。お金の量が増え続ける一方で、お金が手の中から零《こぼ》れ落ちようとしているのです。

「金持ち」という概念について語るとき、私たちが着目すべきは、収入や所得ではありません。重要なのは、資産の成長速度です。

所得税がとられた残余、かつ相続税がとられた残余――という二重課税後の残余財産と比較して、世界の趨《すう》勢は、いずれの税金もかからない複利の成長を遂げています。そうした趨勢を有する資産を保有する者とそれ以外の者との間で、その格差が拡大し続けているのです。

労働所得は単利成長かつ二重課税。それに対して、複利成長かつ課税なし。この点が、格差拡大の原因です。どんなに頑張って働いても、それに追いつくことは難しいのです。

この動きを止めることはできないでしょう。ですから、私たちは、自分のできる状況に応じて、合理的に行動しなければならないときに直面しているのです。

その解決のカギが、「都心一等地」にあります。次章では、そのヒントを詳しく読み解いていきます。

第2章

マネー・システムと付加価値を考える

マネーの本質とは何か？

第1章では日本の税制、とくに、相続とそれに付帯する相続税の概念や運用方法の変遷などを紐解きながら、相続が現代社会に与える影響や問題点を考えてきました。戦後、「家」の求心力は弱体化しました。それと引き換えに解き放たれた個人は、自由を謳歌し、一方で、個人を守るのが「家」から「国」へと変わっていきました。

世の中が順調で、右肩上がりの時代には、気にかけるほどのこともなかったでしょうが、経済状況が底割れして久しい今日的状況にあって、国は経済弱者を守り続けていかなければなりません。翻って、国家の弱体化がより一層進行することになります。日本は、かつての経済大国の面影は薄れ、実質的マイナス成長に甘んじる体たらくです。

この状況を受けて、日本は税に対する認識を硬化し、とれるところから可能な限りとる方針に舵を切っています。しかし、その土台となる経済、財政、金融は負のスパイラルに陥っています。

現在の相続税制度において、最も大きな影響を受けるのは富裕層です。とくに地主への影響は深刻で、相続するたびにその収入源となる資産をもぎとられるような状況にもなり得ます。

一般に、相続の際に財産を減らすことは仕方ないことだと考えられ、受け止められています。しかしながら、本当にそれでいいのでしょうか？　もし皆さんが、「仕方のないことだ」と考えるのなら、それは少し違うと思います。相続税は柔軟性に富んでいますから、始める前からあきらめることはありません。事実、筆者はさまざまな方の相続対策を支援し、それに成功してきました。

本書は、「都心一等地」の有用性について論じていきます。都心一等地を資産に持つことによって、資産を相続税から切り離すことができると考えています。

まずそのためには、その基本となる考え方を、読者の皆さんと一緒に考えていきたいと思います。

そもそも、「マネー」とは何か？　マネーとは直訳すれば「お金」ですが、広義でいえば、不動産や株といった資産であったり、事業そのものであったり……。このように捉えることができます。つまり、マネーの概念は幅広く、単なる現金のみならず、長年にわたって価値を保蔵する機能をも兼ね備えた広い範囲にまで及びます。

他方で、マネーの作り方も幅広く、中央銀行が発行するのみならず、お金を借りるという行為によってもマネーが生み出されるのです。たとえば、皆さんがクレジットカードで決済する、または銀行からお金を借りて不動産を取得するといった経済行為も、マネー発行に一役買っているのです。こうしたことを考えると、マネーとは私たちの経済行為そのものを指すということができるでしょう。

ですから、「マネーの供給」と「マネーの需要」とは均衡しなければならないのですが、そこには時間軸が大きく関係してくるために、景気の浮き沈みがつきものです。

たとえば、不動産なら30〜50年といった時間軸で動きます。スーパーマーケットの日用品なら毎日、お金が動きます。設備投資や研究開発費なら、これも長期に及ぶ事業経営です。これらの動きをうまく均衡するのが金利というお金に付いた値段のようなもので、中央銀行はそこを調整することでマネーそれ自体をバランスさせているのです。

資本主義とは、マネーを媒体として経済が成長し続けることにほかなりません。常に右肩上がりであることが、資本主義経済の基本なのです。その理由は、シニョレッジ（通貨発行者の利益）にあります。

この後に説明しますが、狭義のマネー（日銀券）は単なる借用証書です。私たちが日ごろ大切にする1万円札は、何の担保もないところから単に印刷され流通しているに過ぎません。不動産を買うために借りたお金は、預金通帳における単なる数字データに過ぎず、信用をもとに作られたマネーです。

信用とは、約束が守られる（返済される）ことにほかなりません。その返済は、端的には労働によって行われるといえます。不動産の購入のケースならその借主の労働、賃貸の用に供する場合には、不動産を借りた人の労働によって返済されることになるでしょう。このように、マネーは「労働」によって担保され、信用され流通し続けています。中央銀行が発行したマネーも同様に――日銀券であれば主に日本国民の労働が担保となり、その価値が保障されているのです。


さて、2013年に日本銀行の総裁に就任した黒田東彦氏が「2％の物価目標」なる政策目標を掲げたことは、記憶に新しいことと思います。黒田氏が唱えた2％という数値には、マネー・メカニズムが成立するための、ある重要なメッセージが込められていたのです。

先ほど、「日銀券は単なる借用証書である」ということ、それに加えて「労働によって担保されている」ことや、「資本主義はマネーを媒体として経済が成長し続ける」こともお話しました。これらを単純化して考えてみましょう。

労働とは国民経済のことですが、経済成長の持続性がマネー・システムを維持する前提としてあります。成長を実現できなければ、マネーは信用を失い、単なる紙切れと化してしまいます。そのメカニズムを当然理解したうえで、黒田氏は常識的なことをいったに過ぎませんでした。

「無（ゼロ）」の状態から作り出されるマネーは、理論上、経済成長によってしか、日本銀行の利益を生み出すことができません。また、市中銀行で（貸付により）作り出されたマネーも同様に、借り主に利益が出なかったら返済が滞り、銀行経営が成立しないことになります。

マネーの発行は、貸す側と借りる側との表裏の関係で成立し、とくに借りる側で経済的成長を果たさなければ、マネー・システムは両者で回らなくなってしまいます。その場合には、潜在的にマネー価値の劣化が進行します。

こうした基本をふまえて考えたときに、バブル崩壊後の失われた30年は、マネー価値にどのように作用したのか？　それは考えるまでもなく、「マネー・システムの基本を保つことができなかった」という一言に尽きます。

つまり理論的には、この日本では資本主義経済が成立しておらず、その成立のためには、「2％成長」が必須であったということになります。

こうした点は基本中の基本、一丁目一番地です。これを起点に資本主義についての考え方がスタートするといっても過言ではないでしょう。

ニクソン・ショックという「徳政令」

資本主義経済におけるマネー・メカニズムを理解するうえで重要な出来事に、アメリカの「ニクソン・ショック」があります。

マネーに関して、「ニクソン・ショック」は人類史上最大の出来事でした。

過去4000年の間、私たち人類は――金・銀をマネーの基軸として、ありとあらゆる経済活動を営んできました。しかし、1971年8月15日、リチャード・ニクソン米大統領による「金兌換《だかん》停止宣言」を境に、マネーは「金」の物質的担保が外れ単なる「紙の借用証書」になったのです。

ニクソン・ショック以前は、「金」を担保にマネーを発行していました。いわゆる「金本位制度」です。ドルは金と交換できることで、その価値が担保されていました。ドルは世界中で流通し、世界の基軸通貨でした。

ドルが基軸たり得たのは、アメリカの国力と、いつでも「金」に換えることができるという信用が世界中で認められていたからにほかなりません。時のアメリカ大統領によって、一方的に「金」とドルの交換停止が宣言されたということは、いわば「徳政令」の布告に相当することです。

しかしながら、世界中の国々は異を唱えることもなく、それを追認し受け入れたのでした。そして、その日から米ドルは新たな基軸通貨として信認を得たのでした。

180度の転換、それも一方的な布告――これこそが、世界のパワーバランスであり、世界秩序にほかなりません。こうした実態のもとに、私たちの経済的な営みが繰り広げられていることを知る必要があります。

世界中に流通していた米ドルが紙幣そのものになったということは、世界中で流通するマネーも、米ドルとの連動性の点で同様に単なる紙幣になったことを意味します。新たな通貨制度の下ではアメリカの国力がマネーの信用を担保しました。

1ドル360円の固定相場が変動相場制に移行したのも、金兌換停止を受けてのことでした。毎日のニュースで、「1ドル150円」などといった為替の値動きを目にしない日はありません。ニクソン・ショックに端を発した変動相場制は、アメリカと諸外国との国力の差を反映し変動するシステムです。

世界秩序がアメリカの国力によって形づくられているように、変動相場制の下では日本の国力が為替相場に反映します。近時、急激な円安傾向が進んでいるのも、日本の国力が相対的に弱体化したことの表れだと考えれば腑に落ちるのではないでしょうか。

「石油はドルでしか買えません」――これこそがアメリカの国力であり、世界秩序そのものです。世界中の石油資源は、そのほとんどがアメリカのロックフェラー財閥の支配下にあります。それこそが、金との兌換停止後も米ドルが世界中で信認され続けてきた理由なのです。

しかし他方、ウクライナでのロシアとの対立が深刻化する中で、「石油はドルでしか買えない」という一極化した秩序が揺らぎ始めています。今後の基軸の行方を占ううえで米・ロ対立がどのように動くのか、予断を許さない状況にあります。

ニクソン・ショックのような世界秩序を揺るがす出来事が、近い将来に決して起きないとは言い切れないのです。それほど、世界は逼迫しています。

円高・円安という事象

昨今の円安傾向について、その原因は日米の「金利差」にあるといわれています。それも理由のひとつかもしれませんが、それだけで説明できる状況にはないと思います。

先に述べたように、変動相場制（以下、為替相場）は、金兌換停止の対処策として生まれたシステムです。そして金兌換が停止し、信認を失いかけた米ドルを担保したのが石油でした。新たな通貨システムは「石油本位制」などと呼ばれ、〝石油を手に入れるためには米ドルでしか取引できない〟ことから、そのようにいわれています。

このことは世界の常識であり、本来ならば誰もが知っていて当然のことのように思いますが、なぜか意外にも知られていないのではないでしょうか。

為替相場の値動きはメディアがこぞって伝えても、その根っこにあるものを伝えない理屈がわかりません。

為替相場が重要視されているのには訳があります。①石油は生活に必要不可欠であること。②石油はアメリカのロックフェラーが独占していること。③石油はドルでしか売ってくれないこと。④そのために、自国通貨を売ってドルを買う必要があること。⑤ドルを買うためには、(アメリカに対して)貿易黒字を維持し続けることが必要なこと――以上、①から⑤のことからして、石油本位制システム、そしてそれに付帯する為替相場が、ニクソン・ショックから現在に至るまで――そしてこれからもしばらく続くと思いますが――世界秩序の根幹をなしているのです。

ですから、世界の誰一人として、新たに創設されたこのシステムに文句をつけることができません。このようにして生まれた為替相場は、国力を反映して動くということです。その意味では、円高が望ましいし、円安は避けたいということではないでしょうか。

私たちが石油を手に入れる――車や電車での移動、エアコンやTVのみならず、衣食住のすべてに石油は欠かせません。石油を手に入れるためにドル転（円を売ってドルを買う）が必須です。裏を返せば、ニクソン・ショック後の新たな通貨システムは、世界中のドル需要を満たすために、ドルを無尽蔵に供給するシステムであるということができます。

しかしここで重要なのは、2013年以降、日本円は米ドルを凌ぐ供給がなされてきたということです。そのバランスが崩れた状況が、昨今の円安傾向に作用していると見るべきではないでしょうか。

アメリカは、大量に供給したドルを市場から回収すべく舵を切りました。しかしそれにもかかわらず日本は、日本円の回収作業に着手すらしていません。その遅れこそが、円安を加速させているのです。

加えていえば、日本には過剰に供給した「円」の回収作業に着手できない理由があります。これこそが、これから起こる円安要因です。いまは、まだ嵐の前の静けさにすぎません。

日本のビジネスモデルを考える

「失われた30年」とは、いったい何だったのだろう？　このように思う人は少なくないはずです。

これは90年代初頭から現在に至る経済衰退を指す言葉で、バブル崩壊と時を同じくして始まりました。世間一般には、バブル崩壊に原因があるといった認識が多いようですが、果たしてその通りなのでしょうか。

確かにバブルの崩壊はそのきっかけではありますが、実際には、付加価値を創り出せなかったことが直接の原因であったと思います。90年代において、日本の大手企業のうち、価値を創出していた企業の数は１００社にも満たなかったのです。

そもそも経済の基本は、価値を創出し続けることによって、複利で成長することです。資本主義経済、とくに市場ではその優劣を競い、売り買いが繰り広げられます。

しかし日本は長い間、本業の努力を怠っていました――プラザ合意以降、巨大バブルに覆いつくされた日本は経済の基本を忘れたばかりでなく、90年を境に資本主義市場のフィールドが大きく変化したことにも気づきませんでした。

さて、日本産業のお家芸は「加工貿易」です。加工貿易とは海外から原料・材料・半製品を輸入し、これを自国内で加工して海外へ輸出する貿易形態のことです。資源のない日本は、加工貿易によって付加価値を生み出し、奇跡の経済成長を果たしたのです。しかし、幸か不幸か？　バブルの崩壊と時を同じくして、ソ連邦崩壊、中国（共産党）の西側経済陣営参入――そうした東西の市場統合が進み、一挙に資本主義経済圏が拡大しました。

日本は、これを「神風が吹いた」と勘違いしました。従来のビジネスモデルを「価格差異性型貿易」に転換したのです。「価格差異性」とは近世に行われていた貿易の仕組みのことで、材料や人件費の安い国の品物を、高く売れる国に運んで売るビジネスモデルのことです。

かつての近世イギリスの東インド会社が、そのよい例です。当時インドではありふれた胡椒を、イギリスやフランス、オランダといった国へ船で運ぶ、それによって莫大な富が生まれました。これこそが、「価格差異性」のビジネスモデルです。

しかし、これには根本的な欠陥がありました。時間の経過とともに、価格の差異が失われることです。つまり、はじめはよいものの、後に衰退が始まり、最後はそのビジネスモデル自体が消えてなくなります。歴史を振り返れば、それは明らかです。

日本はバブル崩壊後の経済危機への対処法を、中国の人的資源に求めました。加工貿易の拠点を中国に移転することによって、安価な競争力ある製品を作り出そうとしたのです。極端に安い人件費は利益に直結します。そんなことは、誰にでもわかることです。

このように、日本は経済の中心軸を価格差異性という近世に発展したビジネスモデルに戻してしまいました。日本に付加価値を創出するための時間稼ぎであったならまだしも、そこにズッポリと安住してしまったのです――中国に現地生産の工場を作り、日本国内には100円ショップやユニクロなどの廉価な店が立ち並ぶ。国民は、安いものを大量に消費できることを受け入れ、むしろそれを歓迎し、バブルが弾けて経済がダメになったにもかかわらず、長い間デフレを享受することができました。こうして日本は、ゆでガエルになってしまったのです。

グローバル化と日本の衰退

現在の世界では、IT革命がグローバル化を加速させ、世界がひとつになりつつあることで、社会や経済の垣根もなくなりつつあります。こうした動きに連動して、富裕層とそれ以外の人たちとの間で格差が拡大し続けています。

金持ちはますます金持ちに、貧しい人はより貧しくなっていく——社会が発展し、より便利になっているにもかかわらず、なぜ、格差が拡大するのでしょうか。

従来は、「国が豊かになれば格差が是正される」といわれてきました。そしてまた、そのことは多くの日本人が実感してきたことでもあると思います。

日本は戦後、経済成長を遂げ、「一億総中流」などといわれた時代を長年にわたり謳歌してきたことは、まだ記憶に新しいのではないでしょうか。しかしながら90年ごろを境に、下り坂を転げ落ちるようにして、経済が衰退していきました。他方で、デフレを享受して安価な製品を大量に輸入することができていたことから、若い人たちの間では「生活に不満がない」といった話を聞くこともあります。

しかしその一方で、将来のことを考えると「生活に不安がある」といった声を耳にすることも増えたように思います。こうした右肩下がりの経済状況は、日本の産業構造に成長の余地がない状態、加えて先ほどもお話ししたように、世界的な環境変化と日本の対応の誤りなどが複合的に結び付いてのことです。

以下では、格差の原因についてもう少し考えていきたいと思います。既に加工貿易の拠点を中国へ移転したことをお話ししましたが、単純にそうした直接投資は「安い人件費の輸入」ないし「安い土地の輸入」に相当します。

前者は、日本の給料が上がらない直接の要因です。理論的には、世界中の人々が日本人の給与水準に追いつくまでは上がらない、そのようにいわざるを得ないと思います。グローバル化によって、労働人口が10倍～数十倍に増えたことが原因です。

後者は、日本国内に作られるはずの工場が中国に作られたのですから、安く土地が輸入されるに等しいことです。直接投資は土地の値段が上がらないことに作用し、加えて給料が上がりませんから、とくに地方経済には大きな打撃となりました。

日本の産業空洞化を説明するキーワードは、「付加価値」です。つまり、比較優位が中国に移ったことがすべての原因です。

「比較優位」とは、自国の得意とする生産に特化し、それ以外は貿易によって賄うことをいいますが、日本は生産拠点が中国に移転したにもかかわらず、自国が得意とする生産分野を創り出すことができなかった、そこにすべての原因があるように思います。

グローバルな構造変化によるデフレの到来は、時間稼ぎの好機であったはずです。しかしながら、私たちはデフレを享受し、安穏としてしまったのです。

少子化の遠因も、そうした状況が関係しているように思えてなりません。

経済学者の中には、労働人口が減っているから経済衰退している、といった意見を述べる方もいらっしゃいますが、本当にその通りなのでしょうか？

労働人口が増えれば、経済は回復するのでしょうか?

デフレ時代の真の弊害

生産性を高められず、付加価値の創出ができなかった日本は、長い間デフレ状態にありました。１００円ショップやファストファッションに代表される日本独自の製造小売形態によって、賃金が上がらなくても生活自体に困らず、普通に暮らすことができてしまっているわけです。

「お金を使うことなく豊かに暮らせる」というのは非常に不思議な現象で、これはある意味で幸せなことかもしれませんが、資本主義の世界を生きるうえで重要なひとつのバロメーターを失ってしまったといえるでしょう。そのバロメーターこそ、これまで述べてきた付加価値です。

先進国の中で日本だけが経済成長をしていないという異常事態を引き起こしているのも、そういったところに原因があると考えられます。

海外では、ラーメン1杯に2500円、ランチが普通に4000円かかるなど、笑い話のように伝えられています。これは働いている人が充分な所得をもらえている証左であり、翻って日本では満足な賃金が支払われていないことに繋がります。

一方で、賃金が上がらないことは、成長しないゾンビ企業が生きながらえる温床となっているのです。

先ほども、マネー・メカニズムの点において①資本主義経済が成り立っていないことをお話ししました。加えて、②実体経済とマネーとは表裏の関係にあることも——。これらを整理すると、【②実体経済に付加価値が生まれない → ①資本主義の不成立 → マネーが劣化】となります。

そして日本は、これらを下支えするために、さらにマネーを供給し続けました。マネーの大量供給によって実体経済が回復するとするロード・マップを用意しましたが、成功するはずがありませんでした。

皮肉にも、旧ソ連のゴルバチョフ大統領は「日本は最も成功した社会主義国である」といいましたが、日本が社会主義体質であることは間違いありません。箸の上げ下ろしから何から何までお上が面倒を見る、そして、国民もそれに異を唱えないばかりか、お上が分け与えてくれることを、むしろ歓迎している、そうした体質がいまの日本を形づくっています。

生産性と時間軸

以前の日本は、製造業を中心に研究開発費を積極的に投じ、新たな技術を生み出し、優れた製品を世界中に輸出することで経済を成長させ続けてきました。ソニーの電化製品しかり、トヨタの自動車しかりです。

資源のない日本は、加工貿易を得意とし、80年代まで経済成長し続けてきました。これは、先発の欧米企業の真似をするところからスタートし、それに改良を加え、日本独自の技術を開発するまでに企業が成長したためです。付加価値を創出する企業は、日本全体を牽引し、国民全体に豊かさを拡散させていったのです。

しかしながらバブル崩壊を機に、多くの経営者は業績の確実性を重視し、価格差異性に依存したビジネスモデルを選びました。雇われ経営者の評価は年1回の株主総会で決まりますので、「長期展望を見据えた研究開発で、10個のうちひとつふたつ成功すればいい」という経営よりも、現地の中国人とパイプをつくり、価格ギャップで努力すれば儲かるビジネスに飛びついたのです。

それが経営者の評価として確実に反映されるとあっては、それを選ぶのも仕方のないことかもしれません。ただし、資本主義経済は生産性に依存しているという原理原則から見れば、これほど愚かな行為はないといえるでしょう。

先ほどもお話ししましたが、歴史を辿れば自明です。価格差異性は時間が

図2　20世紀を牽引したテクノロジーの出現

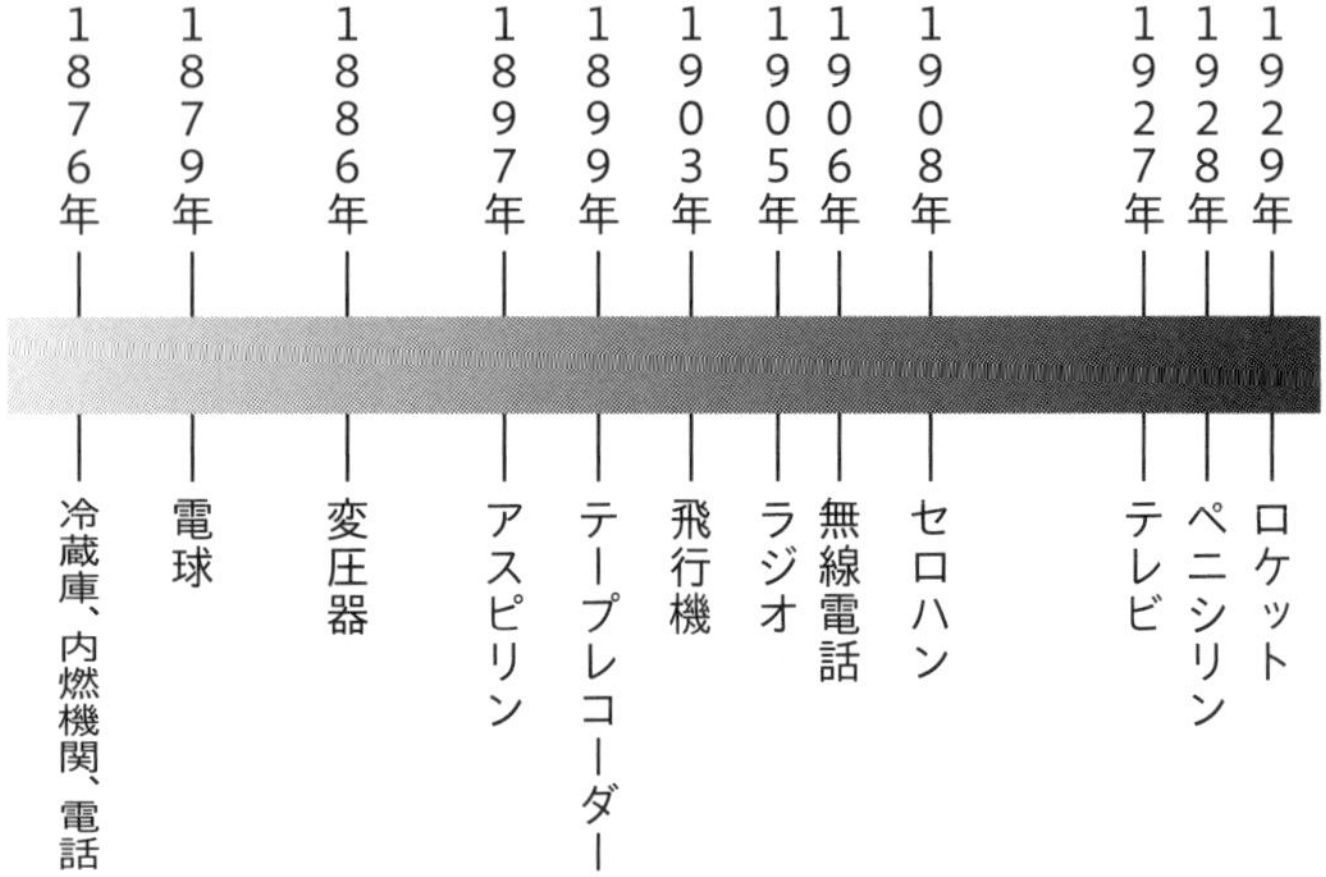

経過すると、立ちゆかなくなってくるシステムです。

　たとえば、日本と中国の関係でいうと、中国に直接投資をして、設備が増え、従業員も増え、賃金も増え、経済的な豊かさが現地にも生じていく——すると日本とそれほど変わらない状況になるので、経済事情のギャップによる現地生産のメリットが薄れてしまうのです。

　そうすると、インドへ行こうとフィリピンへ行こうと、かつての中国のような経済が成熟していない土地を転々とするしかなくなるわけですが、やがてすべての土地を一巡す

るとき、終わりが来ます。

そもそも、価格差異性などというものは、近世の終わりと時を同じくして消え去ったビジネスモデルでした。先ほどもイギリスの東インド会社の例をお話ししましたが、価格差異性の顕著な例は植民地主義です。

しかし、産業革命と民主化の動きにより、近世が終わり近代へと時代が移り変わります。時代を変えたのは、生産性の飛躍的進化でした。実際、20世紀を牽引したテクノロジーは、そのほぼすべてが1930年代までに現れています。

グローバル化と国家の歴史的変遷

近世、帝国主義の時代には、国家と株式会社（東インド会社）が結び付き、植民地支配を拡大しました。植民地支配は、商業資本主義（遠隔地貿易）を形づくり、ある種の国家間の分業を加速させました。

もともと植民地とは、「新しく開拓した土地」のことでしたが、大航海時代を経て植民地から物資や人的資源を収奪し、土地（国）を支配する形態へと変化しました。

その形態は、属領（宗主国に付随した領土：政治的・経済的自由がない）、保護国（独立国家として外国と交渉力を持たない）、租借地（国同士の土地の貸し借り）に分類されます。たとえば、属領にはかつてのイギリス領インド、フランス領インドシナ、日本領台湾などが、保護国にはイギリスの下のエジプトなどが、租借地にはイギリスの九竜半島北部、ロシアの旅順・大連などがあります。


植民地が世界各地に広がったのは、ヨーロッパ諸国が海軍力と経済力で他の地域の国々を支配したからで、とくに帝国主義の時代に顕著でした。それは18世紀半ばから19世紀にかけて、世界を大きく動かす産業革命と呼ばれる技術革新が始まったことが影響しました。石炭を動力とする機械の登場により、繊維などの軽工業でそれまでよりも高い生産力を獲得したのです。生産性が高まると、それまで以上に原材料が必要になりました。そこで、ヨーロッパ諸国は、強大な軍事力を背景に競って植民地を獲得しました。そして、作られた製品は宗主国に供給されるだけでなく、海外の植民地へも輸出されました。

それによりインドの綿工業は、イギリス本土の高い生産性に勝つことができずに衰退していきました。総じて植民地では、成長機会を奪われ、経済的に搾取されていったのです。

当時の植民地支配を経済的観点で捉えると、強力な比較優位が宗主国（イギリス）に生じたことが見てとれます。①高い技術力（生産性向上）、②政治・経済的な支配の二つの点からして明らかです。

イギリスとインドの関係でいえば、イギリスの比較優位、インドの比較劣位、このパワーバランスによって、国際分業が加速度的に広がっていきました。そして、その背景には、国民国家がその時代に形成されたことが大きく影響しています。

　国民はすべからく国家に帰属し、かつ国家を形づくる存在となり、また、国家と株式会社とが共存し合いながら国力と資本を増強させていったのが、資本主義の揺籃《ようらん》期でした。


　しかし、21世紀の資本主義は異なります。つまり、株式会社（資本）が巨大化し、国家の枠組みを超えて成長し続けているのです。

　繰り返しますが、近世においては国家と株式会社は表裏一体の関係でした。国王の勅許を得た株式会社の存在は、まさに国策そのものでした。近代においては民主主義と産業革命を追い風に、株式会社は世界中に拡大していきました。少なくとも20世紀の後半までは、国家と株式会社の良縁は続きました。

　しかしながら90年代に、東西の市場が統合したのを機に世界は大きく変わり、資本主義のフィールドがかつての約4倍に拡大したのです。それにより比較優位が新たに迎え入れたプレイヤーサイド（中国など）へ移り、資本主義のプレイそのものが大きく変化したのです。

かつての国家と株式会社の良縁を引き裂いたのが、グローバル化でした。株式会社は資本の論理で活動します。成長し続けるマネーを追い求めていくのです。

そのような株式会社本来の性質からして、国家との決別が明らかになっていき、事実、株式市場では無国籍の価値創出企業のほとんどが、国の枠組みに縛られていません。そればかりか、むしろ国の縛りが足枷《あしかせ》ですらあるように思えてなりません。

かつては共存共栄していた国と株式会社との関係性が薄まっていき、株式会社（資本）が国家を凌ぐ強大な力を持つ、そうした状態を指す言葉が、グローバル化であり、その言葉の通りに世界は動いています。

経済における米ドルの存在

先の話でいえば、アメリカはその強力な軍事力を保たなければならない立場にあります。その理由もさまざまに存在しますが、たとえば、前段で触れた石油がドルでしか取引できないことも一因です。

ドルを基軸通貨として安定させるためには、軍事力を背景にしなければなりません。だからこそ、ニクソン・ショックのときに自国のことだけを考えた横暴ともいえる経済政策に対しても、明確に反対の立場を取る国がひとつも現れなかったといえるでしょう。

世界の石油は、そのほとんどをアメリカのロックフェラー財閥が手中に収めている状況ですので、米ドルは石油の力を背景に無尽蔵に刷ることができます。なぜなら、石油を買うためにドルが必要であり、需要の分だけドルを世界に行き渡らせなければならないのです。

それに対して日本の場合は、国力や生産性に応じて円の発行数を見極めなければなりません。経済に吸収できない余剰分は、価値が劣化して紙くずになってしまいます。したがって、日銀は経済成長を見据えたうえで円の総量をコントロールしなければならないのです。

しかしアメリカでは、「海外で米ドルを流通させてくれ」となれば、日銀に相当するＦＲＢ（米連邦準備制度理事会）はドルを発行しなければなりません。これが基軸通貨の役割であり、世界はこのようなシステムによって成り立っているのです。これを単純化していえば、世界にはＦＲＢという世界中央銀行がひとつあり、日本を始め諸外国の中央銀行はその支店のような位置付けにあり、市中銀行はそのさらに代理店のような位置にあるといえるでしょう。

世界のマネーは、そのような構造のもとで世界を駆け巡ります。

日本経済の現状における不動産の価値

世界経済で日本は遅れをとるどころか、いずれ沈む船といった様相を呈している状況ではありますが、日本国内の都市部に暮らす人々は、まだまだ世界経済を牽引するマネーに引っ張られる余地を残しています。

それこそが「都心の一等地」であり、イノベーションを起こせない低生産性トレンドや長期の円安トレンドといったネガティブな要素とは関係なしに、東京の一等地は価値を保ち続けることができる、と考えられます。

このことは、どこの国でも同じで、ニューヨークやロンドンといった世界の大都市に共通しています。

私の知り合いのある方は、3人の子どもをそれぞれロンドン、ニューヨーク、東京に留学させ、各拠点となる不動産を購入して住まわせるといった資産運用を行っています。日本の成長が鈍かろうが経済が弱体化していようが、付加価値の高い都心の一等地であればニューヨークでも東京でも同じであるという感覚で、各都市の不動産を新たに購入し続けています。

ニューヨークは価格が上がりすぎたのでなかなか手を出しづらく、逆に東京は手頃感さえ覚えるようなこともあるのではないでしょうか。一等地の不動産は世界基準の付加価値を持ち、ある種国内経済とは切り離された存在です。そして不動産は人に貸せば収益をあげることができるという扱いやすさも加わり、成長を期待できる良質な資産であるといえます。

マネーは付加価値の高いところへ集まる

本書のテーマである「相続によって断ち切られることのない資産」をつくるためには、一体どのようにすればよいのか。つまるところ「資産の価値を減らさない」ということだといえますが、では、資産の価値を減らさないためにはどうすればよいのか。

つまり、それには永続的に成長する資産を持つことが重要であり、それにあたるのが「都心一等地」というわけです。これについては、次章で詳しく説明していきます。

「土地は価値が下がらない」、「土地は王様」というのはバブルの頃の話だろう、と疑う方もいるかもしれません。確かに、バブル崩壊によって都心の一等地を含む土地の価格は下落しました。しかしそれは、短期的な視点による一時的な現象といえます。現に、銀座4丁目付近の土地は、バブルピーク時の価格を2017年に超えました。

これは東京に限定された話ではなく、世界の大都市、ニューヨーク、ロンドン、パリの中心地でも同様に、永久運動化しているといっても過言ではありません。なぜ、このように世界の大都市の土地の価値は下がらないのか。それは付加価値が高いからにほかなりませんが、資本主義においては、マネーは付加価値の高いところに集まるという性質がそれを助けています。

世界規模で起きたグローバリゼーションで、国家や地域という垣根を超えて、地球は概念的にひとつになりつつあります。先進国の中でもトップ集団の国々の首都や中心地に、マネー・情報・成功の機会が集まり、それを求める人や企業が世界中から集結するのはそのためです。

資本主義とは「拡大と成長」である、と言い換えることができます。これを前提に、拡大の中でマネーがそれを生み出した者のもとへ、利益となって戻ってきます。したがって、永続的成長を遂げる資本主義社会の中で、その中心でありマネーの発行元である大都市の一等地の価値が上がらないはずがない、という理屈になります。

しかも、このような都心一等地は物理的に限られています。つまり、有限であるゆえに希少価値が高い。そのために付加価値にも直結することからマネーを呼び寄せるのです。

成長する資産を持つことの重要性

勤勉は美徳か？　皆さんならどのように考えるでしょうか。「働くことの意味」と題する子どもたちに対する国際比較アンケートによると、日本では「会社や役所に勤める」という答えがずば抜けて多く、欧米では「医師や弁護士になりたい」、中国では「社長になりたい」という回答が示されていました。

また、他の国々の人々から見たときに、「日本人は勤勉だ」という特徴があげられていきました。このアンケートから、日本人の働き方についての社会的価値観を改めて認識することができたような気がします。

しかしながら、先ほどからお話ししているように、子どもたちの将来の夢とは別に、労働の価値は時間とともに低下し続けています。

残念ながら、子どもの頃から真面目に学び、勤勉に働くことで報われた時代は終わりました。私は、現実の私たちの足もとで何が起きようとしているのか、そして、その先にはどのような未来が待ち受けているのかについて、子どもたちにわかるように教え示すことが必要なのではないか、と思います。

こうしたアンケート結果から受ける印象は、日本の学校は一種のプロパガンダ機関であるということです。将来の職業は、少なくとも子どもたちにとって「夢」のある存在であるはずです。

しかし、現実は違います。本書の中で、何度も触れてきたように、「金持ちはより豊かになり、貧しい人はより貧しくなっていく」のが私たちの未来の道程にほかなりません。

勤勉が美徳であったのは、近代から20世紀終わりにかけての限られた時代の話です。真面目さよりも先に必要なのは賢さです。別な言い方をすれば、時代の趨勢を見抜く洞察力と計算高さ、かもしれません。

日本においては、たとえば「投資」や「資産運用」に対する理解が十分ではないばかりか、忌み嫌われさえします。しかし、欧米では小さいうちから資産運用として株式投資などを学ぶことが当たり前で、合理的なお金の使い方や正しい知識、投資や資産運用における認識が充分に備わっているものです。

日本でも、そうしたファイナンス教育をきちんと行うべきであると私は考えています。そういった経済合理性が備わっていれば、相続においても感情に溺れることもなく、理不尽に資産を減少させることもなくなるのではないでしょうか。

上辺だけの情報ではなく、資本主義は何を軸にしてどのような背景で現在に至っているのかといった根本的な部分から理解を深め、自分で考えられる生きた知識として活用できるようにすることが必要だと思います。それこそが自立するということであり、国におんぶに抱っこで生きていくことを是としたり、国に言われるがまま税金を搾りとられるような事態に陥ったりしないよう、いまこそ行動していくべきではないでしょうか。

そういった意味でも、成長する資産を持つことが重要であり、良質な投資とその運用は、先行きが不透明なこの時代において大きな武器となるはずです。

不況にあえぎ、国際競争力も低下し、財政赤字は増える一方で、五公五民の重税国家の日本には、あまり良い要素を見出せません。相続税は富裕層を狙い撃ちするかのようで、何かしらの対策を打たなければならないことは、もはや明白です。

成長する資産を持つことは、経済的に自立することでもあると同時に、自らをプロテクトする資本主義の処世術でもあるのです。

第3章

都心一等地の優位性を考える

世界の資本家が都心一等地に注目する理由

筆者は税理士の立場で、地主や企業オーナーの相続に携わってきました。なかでも、都心一等地を利用した相続税対策を得意とし、これまでに銀座や東京駅周辺のコンサルティング実績があります。

東京駅東側の八重洲から日本橋、銀座へ続く一帯は、再開発が進みニューヨークの摩天楼のような姿になりつつあります。この地域こそ、東京の超一等地であり、今後の成長は黙っていても保証されているのではないでしょうか。

第3章では、筆者の経験をふまえ、なぜ都心の一等地なのか？　その答えを読者の皆さんと考えていきたいと思います。

都心一等地は世界の資本家から、資産形成の重要な一部として注目を集め続けています。

たとえば、ニューヨークのマンハッタン島を先住民からわずか24ドルで手に入れたことや、丸の内から神田に続く一帯を三菱が坪当たり20円足らずで取得したといった話は、古くから語り継がれてきました。そしてそれらがどのような変化を遂げたかについては、ここで語るまでもありません。そうした歴史に都心一等地の将来性が裏付けられています。

ここで読者の皆さんにイメージしてもらいたいと思います。20世紀の百年に、世界の経済がどれだけ成長したかをご存じでしょうか? その速度は約1万7000倍——一方で約24倍のインフレも生じましたが、差し引き710倍ほどの成長を遂げた計算です。

経済成長≒株価の成長——株価は不動産と連動することから、ニューヨークや東京といった世界を牽引する経済の中心地では、自ずと不動産価格が上昇し、その含み益を担保に実体経済への投資を繰り返しました。これらの好循環の果実が、今日的経済繁栄となって私たちはそれを享受してきたのでした。

本章では、都心の一等地の優位性を考える、をテーマに頁を進めていきます。不動産を語るうえで、経済の浮き沈みや、それに直結するマネー・メカニズムを抜きにすることはできません。本章の前半では、最初にマネー・メカニズムを、次に失われた30年の経済衰退期を、そしてこの二つを通じて不動産についてのイメージを深めていきたいと考えています。

アベノミクスは不動産に何を与えたのか

第2章では「マネーの付加価値を考える」として、マネー・メカニズムについて掘り下げました。マネーの基本を知ることは論理的思考――その眼力こそが有意な資産形成に不可欠だと考えるからです。

さて、そもそもマネーとは何か？　マネーは実体経済の潤滑油として機能することに意義があります。多くの場合、マネーそれ自体を蓄えることに意義を見出している方々が多いように思いますが、マネーは単なる借用証書でしかありません。

民間の中央銀行が発行したドルや円といったマネーは、それを利用する人々の信用によって成り立っているに過ぎないのです。ですから、信用によって価値が担保されている間は、マネーはその利用価値からして不動の資産であることに変わりありません。

しかし、その信用が揺らいだときには、本来の姿である紙の借用証書へと変化してしまいます。日本においては、昭和20年に紙切れになって以降は、幸いにもそのような価値の毀損がありませんでした。約80年もの間、信用され続けてきたのです。

2013年以降、わが国では日銀の黒田総裁のもと、円の大量供給が行われてきました。それは実体経済をはるかに上回る規模のものです。

このような市場に大量の資金を供給する異次元の緩和政策は、わが国に限ったことではなく、欧米諸国を中心に競い合うようにマネーを発行し続け、その結果としてマネー価値を毀損させてきました。

たとえば、①「実体経済100対マネー100」が均衡のとれた状態であるとします。②「実体経済100対マネー1000」にマネーを増やしたならばどうなるでしょうか。①から②への変化は、マネー価値が十分の一に劣化したことを意味します。政府・日銀はそうした価値の劣化を呼び水に、実体経済に火をつけ燃焼させようと試みたのでした。


そしていま、世界ではアメリカを中心に、100→1000へと増やしたマネーの回収が始まっているのです。そのことは実体経済とマネー価値との均衡が取れる正常な状態へと巻き戻す作業なのですが、日本だけがその回収に出遅れてしまったのです。現在の円安は、そうした事象を背景に、日米の金利差と日本の貿易赤字とが相まって起きていると考えられます。

これは日本にとって非常にまずい状況です。この巻き戻しには、2013年に開始したマネー・メカニズム――日銀が国債や市場の株式を買って↓円を発行する――を逆回転させることでしか達成できないからなのです。

つまり、国債を爆買いし続けてきた日銀が、今度はその売り手に回ることになります。しかしいま、いわれているのは、「日銀が保有する国債の金利上昇（＝国債価格低下）とそれに伴う日銀保有国債の評価損」が危惧され、少しの金利上昇が日銀の債務超過を引き起こす事態なのです。

プラザ合意を起点にした円高は、既にそのような構造的な理由によって円安傾向へ長期的転換期を迎えたと考えられるのです。

では、そうした円安傾向への変化は、日本の不動産にどのように影響するのでしょうか。

海外から見たときに、円安はバーゲンセールにほかなりません。したがって円安傾向は、外資による購買意欲を駆り立て価格の下支え効果を、そしてその結果としての不動産価格上昇に作用すると考えられるのです。

そしてもうひとつ、日本の不動産に対するそうした価格上昇圧力は、裏を返せば「円安」とのトレードオフであることもよく認識しておかなければなりません。

これらの点が、この次に続く都心と地方とを語るうえでのヒントになります。順番にそのメカニズムを追っていきたいと思います。

経済衰退期の株と不動産

ここでは、不動産がどのようなメカニズムを背景に価格上昇を遂げてきたのかについて考えてみたいと思います。

一言でいえば、不動産の価格変化は実体経済を反映するということがいえます。戦後の日本経済の中で、不動産はその中心的存在であり続けました。不動産は1990年にバブル経済が崩壊するまでの間、不動の地位を誇りました。不動産に対する人々の信認が揺るぎないものであった理由は、わが国の経済成長――戦後の焼け野原からスタートして、世界第二位の経済大国へ――の果実が不動産へ形を変えてきたからなのです。

戦後からバブル時までの新宿駅周辺の不動産価格は1万倍に成長したといわれました。そうした都心の不動産に牽引され、地方も同様に一定の成長軌道に乗っていったのです。

そのメカニズムは、端的には次のようなものです。実体経済の成長↓株価に反映↓株で得た資金が不動産に流入――株と不動産はともに連動する資産だということです。ですから、1万倍になってもなんら不思議ではありません。

1990年のバブル崩壊までの「土地神話」といわれた現象は、そうした好循環が永遠に続くと信じられてきたことを背景にします。しかし皆さんがご存じのように、バブル崩壊を機に土地神話を信じる人たちは少なくなっていきました。経済衰退が顕著になり、それが見てとれるようになったからでした。

失われた30年はいつまで続くのか

バブル崩壊後の状況について見ていきたいと思います。起点となった年は1990年です。この年はバブル崩壊とともに、東西冷戦終結による東側諸国（ロシア、中国など）の西側への市場参入が始まった年と、ほぼ重なります。これにより日本の大企業は中国への市場参入（直接投資）を始め、デフレが日本に流入し始めたのです。

はじめは、安い人件費を目当てに利益を目論んでいたのでしょう。しかし実際にはその後の長い年月をかける間に、日本は経済的にゆでガエルの状態になっていきました。プラザ合意以降の円高も相まって、中国からのデフレの輸入は、主に人件費に対する下げ圧力に作用し続けました。そのために非正規雇用を生む結果となっていったのです。

1990年以降の日本の大企業の中で、企業価値を創り出していた企業は二桁の数に過ぎませんでした。日本の企業数（法人個人を含めて）は370万社程度といわれていますが、その大部分が（利益は出ていても）価値創出の点ではマイナスであったと思います。

日本では「会計」を用いて経営を測定できるという思い込みがあるようです。虫眼鏡では野球観戦ができないように、会計は価値創出を測定する道具ではないことから、機会損失の垂れ流しを長いあいだ見過ごしてきました。

失われた30年を語るとき、さまざまな要因が挙げられますが、経済衰退を長期化したとどめの一発は、時を選ばず不動産を叩き売った不良債権処理でした。しかしその後、市況は持ち直したのですから、国家が強制的に不動産を処分させ、外資の手に引き渡したその理由がわかりません。

図3　長銀ビルの例

バブルの象徴として語り継がれる長銀ビルは、2000年3月に外資——ニューLTCBパートナーズ（企業再生ファンド：リップルウッドなどからなる投資組合）に10億円で売却。他方、投入された公的資金は7兆9千億（国民負担約5兆円)。その後、ビルは日本長期信用銀行を継承した新生銀行が所有していたが、2008年に米モルガン・スタンレー系不動産ファンドに1180億円で売却された
写真：chariari/PIXTA

失われた30年は、残念ながらこれからも長期に続くと予想されます。それにはいくつか理由が考えられますが、ひとつは産業の新陳代謝が進まないからです。

方丈記の「ゆく河の流れは絶えずして、しかももとの水にあらず」のごとく、価値を創出できない企業は退場し、また新たな企業が生まれていくことが資本主義経済の基本です。アメリカは軍事技術（インターネットなどIT）を民間に転用し、それが功を奏して経済を牽引したのに対して、日本は価格差異性という中世に生まれたビジネスモデルに固執し中国へ依存し続けました。

日本政府は30年もの間、一貫してその水の流れを塞《せ》きとめてきたのです。私たちはそうした官製不況の煽りをいまも受け続けています。

本章で示す機会損失が長期に続くその根拠となるメカニズムや方程式について、詳しくお知りになりたい方は、ぜひ拙著『EVA MONEY ミリオネアの思考軸』をご一読ください。

日本企業が衰退するから不動産が選ばれる

キーワードは「マネーは価値の低いところから高いところへ流れる」です。このシンプルな基本原理とその方程式を理解しさえすれば、ここで考えるいくつかの点がクリアになるはずです。

既に「マネーは実体経済の潤滑油」であるといいましたが、企業における利益とマネーとの関係は、次の通りです。

企業が得た利益は、会計ではいったん繰越利益剰余金に内部留保されます。そしてその利益の行き先は、次の三つに分類されます。

㋑配当せずに本業に再投資する（本業に価値の創出が期待できる）
㋺配当せずに本業以外に投資する（本業以外に有効な活用方法がある）
㋩配当する（本業等に投資しても価値を創出できない）

この㋩「配当する」の選択は、最も非効率的な経営状態を示します。つまり、本業では儲からないから配当せざるを得ないということです――欧米のファイナンスの高等教育ではまず、配当は無能な経営者のすること、と最初の授業で教わります。

㋺は次善の策です。つまり、本業よりも儲かる対象があり、その選択をするということです。これでは、企業経営としては本末転倒です。そして㋺のように実際に、バブル崩壊後のわが国では本業で稼げないために、大企業がこぞって不動産への投資を始めました。それは、黒田総裁の就任以降のことでした。

価値創出レベル：㋑＞㋺＞㋩

では本題の、なぜ不動産が選ばれるのかについて見ていきます。パンパンに弾けるほどの金余り――マネーの行き場がない＝価値を創出する事業が日本にはほとんど存在しない――に陥った日本を代表する大企業の経済的選択は、都心の不動産に投資することでした。共通項は、どれも長期保有プレイヤーであることです。

バブル華やかなりし頃の不動産投資は、短期売買を繰り返すことで利益を得、回転率の高さが資産を膨らませました。しかし、現在の投資状況はそれとはまったく異なる特徴があります。

不動産は、長期投資こそが王道なのです。皮肉にも、人類の有史以来最も異常な低金利が正常な不動産投資を形づくったといえるのではないでしょうか。

都心と地方の二極化

不動産は、それ自体に大きな付加価値を有するものではありますが、日本では「都心の不動産」は地方のそれと同じには語れない、そんな状況になっています。

海外の人が資産として不動産を見るとき、やはり求めるのは東京、それも港・中央・千代田といったエリア、そして渋谷・新宿のみならずターミナル駅周辺に限定されます。広げても山手線の内側、それも池袋から上野を結ぶ南側。さらに選りすぐりとなると実際には、かなり限られてしまうのではないでしょうか。

「住みたい街ランキング」の上位にランクインするような田園調布や中目黒、あるいは吉祥寺といったところに価値を見出すこともあるかもしれませんが、それは住環境のよさ、生活の利便性といった見方にしか過ぎません。

本書が定義する都心と地方は、グローバルな視点から捉えています。都心とはごく限られたエリアを指し、地方とはそれ以外を指します。たとえば、新宿を起点に中央線を下り、中野を過ぎると徐々に住宅地が広がります。こうした光景は山手線のターミナル駅から続く沿線すべてに共通することですが、これらはどれも地方（都心以外の最上位）という括りで捉えています。

しかし、「いや、そうではないだろう」というお叱りがあるかもしれませんが、ここでは本書の理解のために敢えてそのように区分しています。

日本の国土のごく限られたエリアだけに、本書でいう特別な優位性が生じています。衰退する日本の国力を映し出すかのような、円安のトレードオフが不動産の二重構造に作用し、都心と地方とを分断するパワーが働いているからなのです。

一般には、そのパワーがどれ程のものかについて見えにくいものがありますが、それは徐々に加速度をつけて現れてくると私は見ています。

不動産価格はその性質上、最終的に労働に帰結します。労働力（賃金）を担保に価格形成されていくということです。すなわち、デフレによる賃金の相対的低下は、理論的には本来的な価値と現在の取引価格との乖離に作用しているはずです。それが徐々に時間をかけて顕在化していくのではないかと思います。

日本の賃金水準はＧ７加盟国でも最低、お隣の韓国よりも下に位置しています。このことが、将来の地方の不動産の行方を物語っているのではないでしょうか。

都心の歴史的変遷

本書でいう「都心一等地」とは、既に示したような東京の中心部を指します。それは昔の江戸城を起点とした江戸の街づくりに由来しており、現在の東京は徳川家康が描いた街の構想を大きく変えることなく受け継いでいます。

銀座1丁目から8丁目までのビルの間口は、家康の時代に本間（1畳：1910ミリメートル×955ミリメートルの京間サイズ）で5間分（約10メートル）に整備されました。日本橋から京橋、銀座に続く一帯は、過去の戦争で消失したことから合筆し間口を広げたところもあるものの、いまでもその多くは間口約10メートルにビルが立ち並んでいます。

また、日比谷や有楽町界隈は、家康の築城当時には海が迫った入江となっており、幕府は外様大名に埋め立てを命じました。当時は現在の国会議事堂から霞が関まで陸地が続き、日比谷公園から東が入江でした。日本橋から銀座、新橋へ続く中央通りは、日比谷入江の向かいに位置し、江戸前島の稜線を繋いで1本の道に整備されました（国道1号線）。

東海道・中山道・日光街道・奥州街道・甲州街道といった江戸城を起点とする街道は東京の幹線道路です。そして、これらの道の両脇には大名屋敷が立ち並びました。明治期以降、大名屋敷は大学や官庁にとって代わり、いまもその形を留めています。東京大学は加賀前田家の屋敷跡、東京ドームや後楽園は水戸徳川家、東京教育大学（現筑波大学）やお茶の水女子大学など国立大学の敷地はすべて有力大名の屋敷の跡です。

こうして見ていくと、江戸城を中心にした千代田・中央・港・文京は、有力大名の屋敷跡を明治以降もそっくりそのまま活用しているのです。都心一等地の大部分が、国や大企業の所有であるというのは、そうした明治期へ移行する過程で国策による所有権移転がなされているからです。

このような経緯から都心一等地は、国と大企業（近年は外資）、そしてお寺を中心に所有され、市場に出回りにくく希少性が高いために、そう簡単に手に入るものではありません。

余談ですが、お寺は東京の大地主として知られています。上野の寛永寺、芝の増上寺、音羽の護国寺、春日の伝通院などは徳川家と関わりの深いお寺として知られていますが、かつて寛永寺は、不忍池までの数十万坪にも及ぶ敷地を所有する大地主でした。現在はその規模が縮小したとはいえ、こうしたお寺は多くの下寺を配し、いまも東京の不動産の一大勢力なのです。

相続税から切り離された資産——Nさんのケースから

本書における都心一等地の優位性とは、①成長資産であること、②相続税から切り離された資産であること、の二つです。

前者は、繰り返し説明しましたので読者の皆さんにはご理解いただいていることと思います。ここでは、「相続税から切り離された資産」である都心一等地に特有の性質について考えていきたいと思います。
そこで、私が知るNさんのケースをご紹介しましょう。

Nさんは、東京港区にお住まいの70歳代の男性です。親の代よりこの地に居を構え、約60坪の敷地に建物（自宅兼貸事務所）を所有しています。時価ベースの資産（純資産）総額は約20億円です。

Nさんは、近所の神宮外苑を散歩することが毎日の日課で、定期的に医療機関を受診――アンチ・エイジングを欠かしません。私が見る限り、ご年齢の割には若く見えます。それは、経済的・健康的な余裕の表れなのだと思います。

Nさんのように、20億円の財産をお持ちで相続人が一人というケースでは、通常、相続税は約10億円となります。しかし、Nさんの相続税を試算してみると、約1億円なのです。

Nさんは5年前に配偶者を亡くされて、ご長男ご家族と一緒にお住まいです。Nさんは相続税約1億円を保険金で賄う算段をし、手持ちの金融資産と

図４　乖離のイメージ

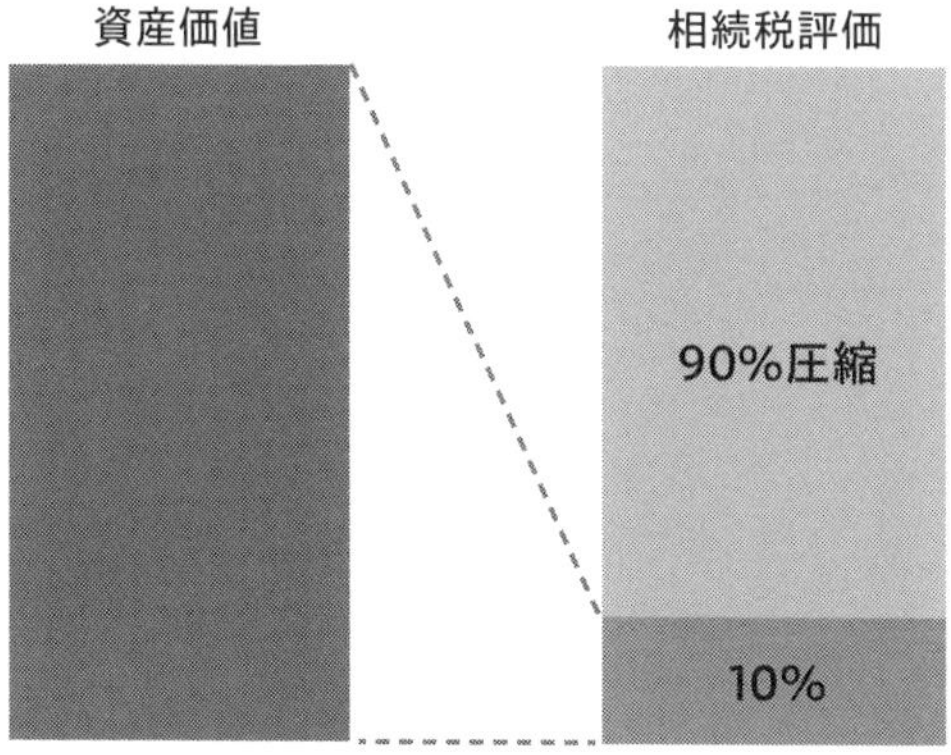

都心一等地：９割の圧縮効果

不動産のすべてが、ご長男に相続される見込みです。

読者の方々は、「なぜだろう？」と不思議に感じる方も少なくないことでしょう。しかしながら、都心の一等地に不動産をお持ちの方々には、Ｎさんのように「相続税の心配はいらない」というケースは珍しくないのです。

その理由を、次に説明していきます。

Ｎさんのような都心一等地――港区青山のオフィス街には、相続税から切り離された資産効果が生まれます。その効果とは、ひとつは㋑小規模宅地等の特例の適用による申告時の大幅な評価圧縮――坪単価が高額であるほど、より高度な圧縮効果が期待できます。地方よりも都心、その中でも一等地こそが相続税に有効に作用します。

もうひとつが、次に読み解いていく「最高裁判決」との関わりが深い、㋺不動産価格の「乖離」の存在です。これは時価と相続税評価との価格差による圧縮作用のことです。

乖離の存在は、全国のさまざまな不動産に共通して認められています。しかしながら、その乖離幅の大きさの点で、都心の一等地であるほど、有効に働くことが知られています。

これら㋑㋺が作用する不動産を効果的に所有することで、Nさんのように「相続税の心配はいらない」という状態を築くことができます。

最高裁判決に見る相続税対策の境界線

ここでは、「都心一等地」と関わりの深い最高裁判決（2022年4月19日）について考えていきたいと思います。行きすぎた相続税対策の是非を巡る裁判──その概要は次の通りです。

被相続人Aは、94歳で亡くなる数年前より信託銀行の節税指南のもと、6億円を超える資産の相続税対策を行いました。そしてAの死亡後、相続人は国税庁の定める財産評価基本通達（土地：路線価、建物：固定資産税評価）に基づき相続税0円の申告をしました。それに対して税務署は、相続税を2億4000万円とする更正処分を行い、A等の相続税申告を否認したのでした。

しかしこれに対して、Aの相続人（納税者）は当局の処分を不当として東京地裁へ訴えたのでした。第一審が納税者の請求棄却（敗訴）、控訴審も控

図5　最高裁判決に至る流れ

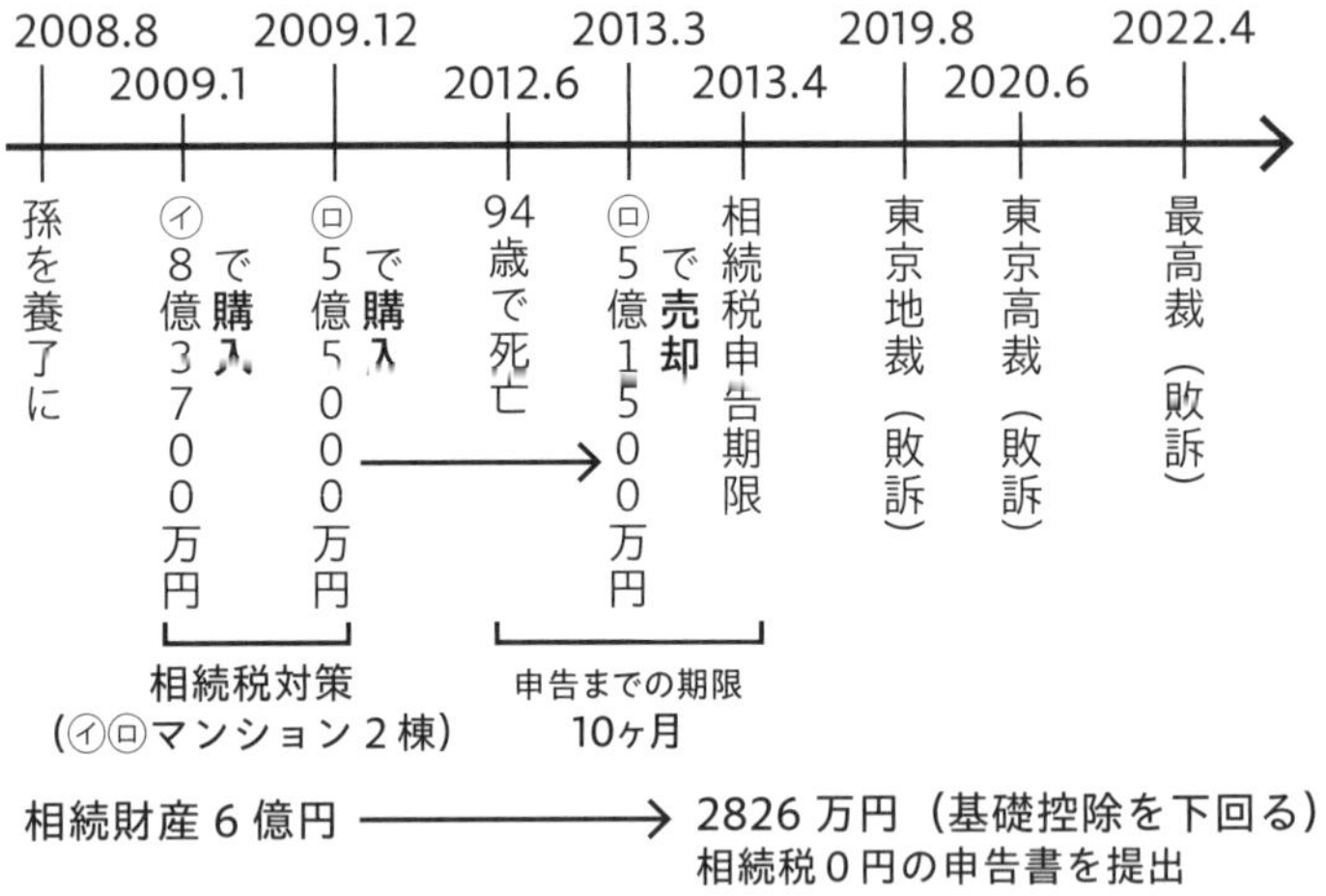

訴棄却（敗訴）、2022年3月15日最高裁にて弁論が開かれたものの、最高裁は上告棄却により納税者敗訴の判決を下しました。

　信託銀行が指南した具体的な内容は次の通りです。相続税を0円にするために不動産（マンション2棟）を銀行からの借入金により購入――㋑8億3700万円、㋺5億5000万円（路線価等による相続税評価は㋑：2億円、㋺：1億3300万円）。相続税申告に際しては、これら㋑㋺を路線価・固定資産税評価により評価し約72%を圧縮――こうした不動産購入にかかる借入金に生じるマイナスを利用した結果、もともとの財産（6億円超）が相殺され、課税価額は基礎控除を下回る2826万1000円になり、相続税0円の申告ができたのです。

相続税対策にて用いられた手法は、時価と相続税評価との間に生じた72％の乖離（100のモノが28になる）を利用するものでした。このような乖離は、国税庁が定める評価通達と時価との間に生じるもので、アパート、マンション、商業ビルといったさまざまな形態の不動産に見られます。

つまり、皆さんがお持ちの不動産――大手マンション会社が販売した3LDKのマンションでも同様に、購入金額に比べて大幅に低い相続税評価が算定されるわけです。こうしたことから、A等相続人は、その定めに従って、平等な算定方法の下に申告した旨を主張したのでした。誰もが認められているのに、なぜ、自分だけが否認されるのか？と。

東京地裁の判決直後、メディアは本件を日本中に一斉発信しました。その内容は、「不動産を用いた相続税対策に警鐘を鳴らす……」といったものでした。その後の高裁、最高裁の判決においても同様に、「乖離のある不動産については時価評価……、相続税対策封じ込め……」の印象を与える報道が目立ちました。こうした報道を敏感に察した人々は、メディアのミスリードと知る由もなく、混乱を来しているように感じられました。

裁判の事実関係

最高裁の判決では、納税者が敗訴しました。また、メディアは「これを機に不動産を用いた相続税対策は封じ込められた……」と印象づける報道を発信し続けました。日本中の多くの人々は、6億円もの財産を相続していながら申告された相続税が0円であったことを知り、国民感情的にも「許しがたい」という印象を持った方が多かったのではないでしょうか。

しかし私は、ここで最高裁の判決に至る判断を、しっかり整理しておく必要があると思います。つまり、報道によって日本中で沸き起こった「相続税対策を行う富裕層に対する反感」と「相続税対策を悲観する方々の想い」を正しい理解に変える必要があると考えています。

それでは、裁判の事実関係から順を追って説明していきたいと思います。読者の理解が進むようにわかりにくい文字表現は簡略化し、重要な箇所のみ原文に沿い事実関係を整理していきたいと思います。

㋑本件は、評価通達により相続税申告（0円）をしたところ、税務署から（鑑定評価〈時価〉による）更正処分（2億4000万円）を受けたため、この取消を求めた事案であること。

㋺相続税法22条は、相続により取得した財産の評価は時価による旨を規定していること。

㋩評価通達1（2）は、（時価の意義について）時価とは、評価通達の定めによって評価した価額であること。他方、評価通達6は著しく不適当な財産の価額は、国税庁長官の指示を受けて（別途、時価）評価する旨を定めていること。

㋥被相続人Aは、2012年6月17日に94歳で死亡し、その財産は遺言に従って相続人の一人が相続し、相続税対策で取得した不動産2件の内1件を（相続税申告期限前の）2013年3月7日に売却した（売却時価を相続人自ら確定させた）こと。

ホ（相続税対策の経緯を述べた上で）本件の2件の不動産購入と借入金が、近い将来発生する相続において相続税が減額されることを「知り」、これを「期待し」、あえて「企画して実行した」こと、相続税対策がなかったら課税価額は6億円を超えること。

ヘ（本件についての経緯を述べた上で）税務署長が更正処分（相続税2億4000万円）及び賦課決定処分（過少申告加算税）をしたこと。

ト原審（控訴審の本件についての判断）は、評価通達による評価方法を用いれば租税負担の公平を著しく害し不適当なこと、鑑定評価を用いた税務署の更正処分等は適法であること。

チ（相続税法22条の時価と評価通達の性質について言及した上で）本件の鑑定評価が、評価通達額を上回るからといって、相続税法22条に違反しないこと。

リ（他方で）租税法上の一般原則としての「**平等原則**」は、租税法の適用に関し、同様の状況にあるものは同様に取り扱われることを要求するものと解される。そして、評価通達は相続財産の価額の評価の一般的な方法を定めたものであり、課税庁がこれに従って画一的に評価を行っていることは公知の事実であるから、課税庁が、特定の者の相続財産の価額についてのみ評価通達の定める方法により評価した価額を上回る価額（鑑定評価）によるとすることは、たとえ当該価額が客観的な交換価値としての時価を上回らないとしても、合理的な理由がない限り、上記の平等原則に違反するものとして違法というべきである（原文）こと。

(リ)に続いて、どのようなケースが〈平等原則に違反しない＝合理的な理由があるといえる〉かについて）評価通達の定める方法による画一的な評価を行うことが実質的な**租税負担の公平に反する**というべき事情がある場合には、**合理的な理由がある**と認められるから、当該財産の価額を評価通達の定める方法により評価した価額を上回る価額（鑑定評価）によるものとすることが上記の平等原則に違反するものではないと解するのが相当である（原文）こと。

(ヌ)これを本件各不動産についてみると、本件各評価通達額と本件各鑑定評価額との間には大きな**かい離**があるということができるものの、このことをもって上記（租税負担の公平に反する）事情があるということはできない（原文）こと。

(ル)そして、被相続人及び上告人（相続人）らは、本件購入・借入が近い将来発生することが予想される相続税を免れることを知り、かつ、これを期待して、あえて本件購入・借入を企画して実行したというのであるから、租税負担の軽減をも意図してこれを行ったといえる。そうすると、評価通達による画一的な評価を行うことは、相続税対策を行うことができない他の者とAの相続人との間に看過し難い不均衡を生じさせ、実質的な**租税負担の公平に反する**から、上記事情があるといえる。

したがって、本件では、鑑定評価によることが、上記の**平等原則**に違反しない。

＊

以上によれば、課税庁が評価通達6に基づいて鑑定評価を用いたことは適法であり、原審の判断は是認することができることから、裁判官5人全員一致で主文の通り判決する（本件上告棄却＝納税者敗訴）。

最高裁判決をどのように読み解くのか？

キーワードは、順番に「①平等原則」、「②合理的な理由」、「③租税負担の公平に反する事情」です。もういちど、これを整理していきたいと思います。

最高裁は(イ)〜(ヘ)の部分で本件の事実関係と概要を示したうえで、(ト)で控訴審の判断が正しいことを明らかにしています。すなわち、この段階で上告は棄却されたことが読みとれます。

続く(チ)では、相続税法22条（不動産の評価方法について規定がない）と評価通達6項（納税者の評価方法が著しく不適当な場合には国税庁長官の指示を受けて時価評価する）とを整理して解釈することで、「6項を発動する＝法的根拠がない」場合でも22条に違反しないことを結論づけました。この整理が必要であった理由は、法令のどこを探しても不動産の評価方法の定めが

図 6　財産評価と法律の枠組み

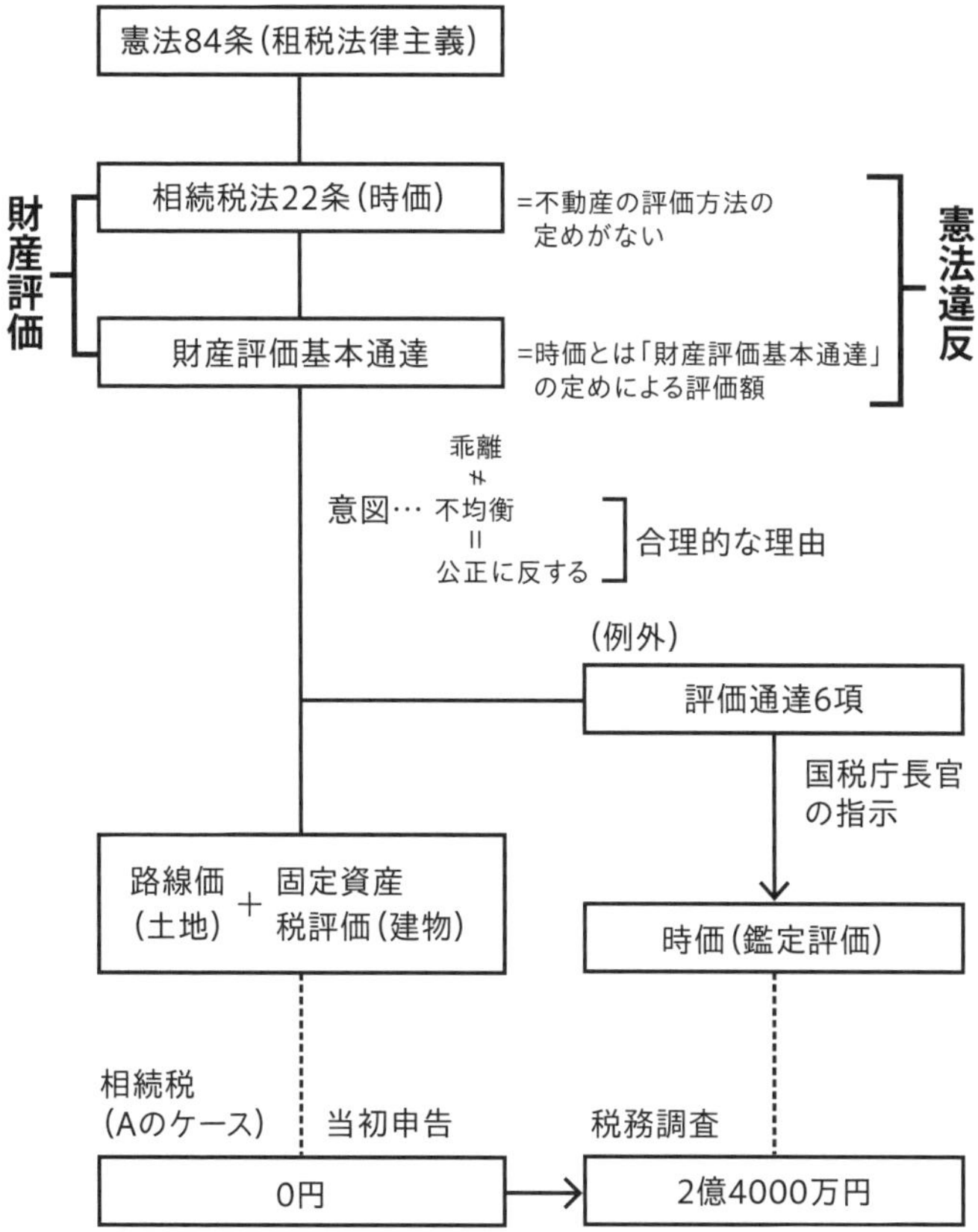

ないこと、その空白を通達が補っているという未熟な相続税法に配慮してのことです。

次の解釈適用⑪では、「①平等原則」に照らし合わせて、「同様の状況にある者は同様に取り扱われる……」としたうえで、特定の者（A）にのみ鑑定評価（時価）を用いることは「②合理的な理由」がない限り違法である、とする評価通達（6頁）の運用の原則論ともとれる考え方を示しました。その一方で、【②合理的な理由……③租税負担の公平に反する事情】に相当する場合には、6項（鑑定評価）を例外的に発動することが適法である、とすることも明らかにしました。

国税庁内部の指揮命令に過ぎない評価通達が、実際の実務現場では法律同様の力を持っている、そうした実態への配慮、すなわち、この点に関する解釈適用が一審・二審では不十分であると判断したことが、敢えて最高裁が（異例ともいうべき）弁論を開いた理由だったと考えられるのです。

続いて、上記の解釈から導き出された判断基準――「これを本件についてみると」、「近い将来、相続税が免れることを知り、これを期待し、あえて企画して実行した」のだから、「意図してこれを行ったといえる」。そうすると、「看過し難い不均衡を生じさせ、実質的な租税負担の公平に反するから、上記事情があるといえる」としました。

ここで重要な点は、「Ⓐ租税負担の公平に反するというべきⒷ事情」が微妙にⒶとⒷとに分かれるところです。「Ⓑ事情」にあたる箇所は、「意図してこれを行ったといえる」の部分です。「Ⓐ租税負担の公平に反する」とは、「Ⓑ事情」によって「看過し難い不均衡を生じさせ」たことを指します。

ここで注意すべきは、「看過し難い不均衡」の「不均衡」の部分が乖離による格差を指すのではなく、「公平に反する」ことが「Ⓒ看過し難く」、「Ⓓ不均衡を生じさせ」たのです。不均衡とは「つり合いの取れない様」をいい、つり合いとは「公平を保つこと」であり、「秩序を保つこと」と言い換えることができます。

以上のことから、本件A被相続人と相続人は、税務行政の秩序のみならず社会秩序をも乱した行為——「意図してこれを行った≒Ⓑ事情」——により、本件に課税庁が評価通達6項を用いたことを適法としたのです。
このように読み解くことができるのではないでしょうか。

今後の相続税対策で注意すべきこと

Aが行ったのは、（国税庁側の論理からすると）行きすぎた相続税対策でした。相続税を専門にする税理士には、その境界線のようなものが語らずとも自然とわかるものですが、一般の方々には、そのあたりの判断がつきにくいところがあると思います。

昨今、「相続税対策を行ったものの、果たして大丈夫なのだろうか？」というように、心配する方も増えています。事実、この裁判後、課税庁側の相続税評価に対する姿勢が厳しくなってきたように思います。以前なら、問題視するようなことはなかったのでしょうが、心配な場合には信頼できる専門家に相談してみることが安心への近道かもしれません。

Aの相続税対策が失敗したのは、安易に取り組んでしまったことが原因でした。指南役である信託銀行の相続対策が不十分（専門家であればそのような指導はしなかった）であったこと、A自身が既に90歳を過ぎてから対策に着手したこと、相続税申告の期限前（相続日から9か月）に当該物件を売却し売却時価が確定したこと、など、専門家からすると考えられないことが重なりました。つまり、〝あり得ないこと〟の連鎖が相続税対策を失敗させたのだといえるのです。

ここで思うのは、何億～何十億円という財産を残せるか否かがかかっているのですから、相続税対策の入口から出口まで信頼できる専門家に任せることが肝要なのではないか、ということです。

各関係者の言い分を読み取る

物事というものは見る角度や立場によって違うものに映し出されるものです。そこでここでは最初に、上告代理人を務めた弁護士の立場から、どのような心理が働いたのかを見ていきたいと思います。なお、Aの記載は、被相続人Aとその相続人を指します。

まず、増田英敏専修大学法学部教授・弁護士は、次のように述べています。

「筆者自身も、原判決破棄もしくは破棄差し戻しの判決を大いに期待した。それも当然であろう。最高裁判所がわざわざ弁論を開くことは通常は原判決が破棄されることが圧倒的に多いからである。」

「そして、運命の判決を迎えた。裁判長の第一声は『上告を棄却する』

との言葉であった。耳を疑いたくなる瞬間であったが、（中略）その後、裁判長が判決の理由を読み上げる声は聞こえたが、その内容を理解しようとの気力は既に失われていたというのが正直なところであった。」

租税訴訟学会の寄稿より

この言葉からは、心の内が強く伝わってきます。学者の立場から見た場合には、法律ではなく国税庁内部の「通達（6項）」により否認したのですから、憲法（第84条の租税法律主義）に反するものであり、最高裁がAと当局のどちらを勝たせるか？　すなわち、「通達（6項）」の適用を適法とするか否かに注目が集まりました。また、上告代理人も大学教員であることからして、学者の立場とも重なります。

一方、税務当局からすると次のようになります。Aは当初6億円もの財産がありながら、（財産評価通達の定め通りに申告し）結果的に相続税を0円にしたのですから、課税庁からすれば、通達を逆手にとった申告であることは明らかです。いわば、国側は挑戦状を叩きつけられたようなものです。そのような申告を認めてしまっては、税務行政そのものが成り立たなくなってしまいます。したがって、当局がAの申告を否認したことは当然の成り行きでした。

以上を整理すると、「規則通りにやっている」とするAと、「規則を乱用した」とする当局との対立軸に行き着きます。

そして本件は結果的には、税務当局の言い分が通りました。すなわち、「租税回避の意図」がAにあり、通達を悪用した（租税負担の公平に反する）ことが理由です。

しかし、本件最高裁判決では、「通達（6項）」を適用した具体的な根拠が示されませんでした。せっかく最高裁まで行ったのですから、根拠を示すところまで対応をしてほしかったと考えるのは筆者だけではないと思います。「意志」や「意図」などといった曖昧な線引きで、相続税の実務を当局が取り仕切る状況がこれからもしばらく続きそうです。

最後に、Aの敗因を整理します。ひとつには、節税に用いた不動産を相続税申告の期限前に売却し、その売却時価に財産評価の合理性が生じたこと。ひとつには、90歳代という年齢が当局の心証に影響したこと。そしてもうひとつは、相続税対策のために不動産を購入したことが信託銀行内の資料から裏付けられたこと。これらを総合的に判断して、税務署は否認したのだと思います。

普通なら、裁判まで行くような事案ではありません。腕利きの税理士ならば初動の税務調査時に問題視されないよう、最初からその道筋をつけているはずです。ですから、裁判までするような事態に及ぶこと自体が、最初から負けているのです。入口から出口まで時間、労力、費用をかけたものの徒労でした。

相続対策のイメージ

都心一等地の一つの優位性のひとつ――乖離について考えていきたいと思います。不動産に共通して、評価上の乖離は地域を問わず、さまざまな形態の不動産に見られる特徴です。

たとえば、10億円を投じて商業ビルを建築したとします。竣工した建物の評価は、固定資産税評価をもとに相続税評価されます【固定資産税評価＝相続税評価】。では実際に、固定資産税評価はどの程度の金額になるのかといいますと、建築価格の約70％減（3億円程度）ではないでしょうか。

このようなことから、相続発生後よりも発生前に建物を取得したほうが、相続税に関しては有利なことが考えられます。

これを、Aと同じように財産6億円のBさんに当てはめて考えると、建物の取得により、7億円のマイナスと相殺されることになります。それによる相続税は0円になる計算です。相続税は必要ありませんし、後の調査で問題になることもないはずです。

所有する土地に建物を建て、土地を有効活用しようとすることは、日本中のどこにでも見かけることです。しかし、乖離により10億円が3億円になり、相続税が軽減したとしても、物件それ自体の価値が失われてしまったら、元も子もありません。

購入価格、または建築価格に比べて乖離があることは、相続税の観点からは歓迎されるとしても、実のところ、価値と乖離とがバランスする不動産でなければ、どのような対策を講じたとしても本末転倒です。相続対策の成否は、そのバランスにかかっています。

都心一等地の将来性

近年、不動産証券化手法を活用したＲＥＩＴ（不動産投資信託）や不動産プライベートファンドなどの市場形成が進み、不動産の概念は大きく変化しました。

日本における収益不動産約２１０兆円のうち、証券化された不動産が約30兆円です。これらの中核が都心一等地です。このような背景から、都心一等地には市場性を帯びた不動産が多数存在します。

かつて不動産は、換金性に難があると考えられてきましたが、都心一等地に関してはそのような固定観念は必ずしも当てはまらないといえます。都心一等地は、比較的短期の内に売買されることが多く、換金性と流動性に優れているからです。

どこにどのような資産を持つべきか？　収益性と将来性の点で考える、これこそが相続対策の基本であるといえるのではないでしょうか。

不動産市場は株式などに比べて、まだ稚拙であるといえるでしょう。しかし、これから時間をかけていくうちに、世界中のマネーが集まる成熟した市場が形成されていくのではないでしょうか。

そうなったときにはさらに、一等地は価値を高め、一般の不動産とは一線を画す存在へと変化していくことが考えられるのです。

視界ゼロの世界を行く

どこにどのような資産を持つべきか？　これこそが、私たちの将来を占ううえで、すべてを物語っています。

つまり、いまの世界で起きている経済事象は、ありとあらゆるモノが価格競争を起こしているからなのです。その事象は、顕在化しているモノもあれば、未だ表面化していないモノもあります。

価格競争といっても、読者の皆さんは抽象的で、よくわからないと思うかもしれません。ここでは、少し具体的にイメージできるようにしていきたいと思います。

この30年の間に、ロシアや中国といった東側諸国と西側との市場統合によって、市場が大きく拡大しました。10億人に満たない市場に、新たに30億人もの人々を迎え入れたことから、世界はさまざまな変化を遂げていきました。

自動車やTVといった最新テクノロジーに触れる需要サイドの拡大もあれば、その一方では、安い人件費の大量供給も起こりました。市場統合は、世界中のありとあらゆるモノを巻き込んで、地球規模のシャッフルが起こりました。

このシャッフルのイメージをよく表しているのがカードゲームです。たとえばカジノで、トランプのカードを交ぜ合わせるときに、すべてを交ぜるのではなくカードを交ぜたように見せかける「フォールスシャッフル（いかさま）」が行われることがあります。

この30年間に、世界ではシャッフルされたように見えるモノもあれば、変化したように見えて実は変わっていないモノもあり――つまり、見え方がよくわからない状態にあると考えることができるのです。

たとえば、インフレの進行、為替レート――これらは、この例でいえばフォールスシャッフルに相当します。もちろん、インフレや為替レートがいかさまだといっているのではありません。

カードギャンブルでは、数字の大きいカードを持つと勝ちに近づきます。数字の小さいカードが相手に渡るようにするには、配る段階で仕掛けるのが確実です。相手がそれに気づくこともあれば、そのままゲームが進むこともあるでしょう。いまの世界は、そのような複雑な状態にあります。

表裏一体であるはずのマネーと実体経済とが、実は乖離していることが経済事象を複雑化させているのですが、その状態を確認できない、または見る者によってまったく違う景色に映し出されるとしたら、誰にもその行方がわからないか、あるいは、収斂されて顕在化するまでの間はフィルトレーションが起こり、関わる者の分断を生みます。

このように世界が理解しにくい状況にあるのはもちろんのことですが、経済事象を測定するためには、どんな道具を使えばいいのか？　それすら共通した概念が確立していないのですから、混迷の度を増すばかりです。

資本主義とは拡大・成長であり、「付加価値」の競争でもありますが、その成否を測定する方法が本当はあるにもかかわらず、なぜか一般には知らされていません。つまり、資本主義のフィールドに誰もが立ってはいるものの、視界が塞がれてプレイすることができない状況です。そうした知識格差が、このような視界ゼロの世界をつくってしまったのです。

世界経済が牽引する資産を持つ

世界で起きている事象がわからないといいながらも、確かにわかっていることもいくつかあります。そのひとつは、マネー価値が確実に劣化しているということです。

その対処策は、実物資産に組み換えることです。紙でしかないマネーがさらに価値を失うのであれば、紙よりも価値のあるモノへ切り替えることにより価値を保つことができるわけです。

すなわち、物理的または物質的に価値の高いモノ、あるいは、低下し続ける労働の価値に対して、その代わりとなって収益を生み出してくれるモノというようになるのではないでしょうか。

本章では、都心一等地の優位性について考えてきました。ひとつは、世界経済の成長に牽引される資産であること。もうひとつは、相続税から切り離された資産であること。この二つの特長があることを繰り返し述べてきました。

しかし、都心一等地の優位性についてはわかっても、具体性に欠けると思う方もいらっしゃるのではないかと思います。詳しい説明が加わらなければ、イメージは深まらないものです。そこで、以下ではどこにどのような資産を持つべきか？　その答えをイメージしていきたいと思います。

100年後の都心一等地の価値

最後に、ケース・スタディを用意しました。これは、都心一等地の成長軌道をイメージするためのものです。これを用いて、資産が、超長期にどのような成長を遂げるかを見ていきたいと思います。

ここでは二つの成長軌道〈都心一等地：ケースA、地方：ケースB〉の5年後と100年後のエクイティ利回りを比較します。前提条件は次の通りです。

A・B共通【自己資金3億円、購入価格10億円】
A【利回り3％、年間成長率約3・7％（5年後に10億円→12億円）】
B【利回り7％、年間成長率0％】

右記の前提（A）は、現在私たちが都心一等地を購入しようとするうえで無理のない条件であるといえますが、はじめにA・Bの前提条件に関連する㋑キャッシュフローと、㋺成長率を確認します。

ケースA→㋑【自己資金30％、利回り3％】。これは十分キャッシュフローが回る水準といえます。また、㋺【5年間に20％（10億円→12億円）の成長】。これも保守的水準といえるでしょう。

一方、ケース→㋑【自己資金30％、利回り7％】。この条件のもとでは、短期・中期に十分なキャッシュフローが得られるものの、長期・超長期のコスト増（修繕や建替え）に注意が必要です。たとえば、東京都心と新横浜では10億円で買える物件の床面積に2倍以上の差があることから、床面積の違いは将来のコスト増、すなわち、キャッシュフローと成長（キャピタルゲイン）の押し下げ圧力に作用します。この点を考慮して㋺【0％成長】としました。

	床面積	賃料
都心A	小	高
地方B	大	安

それでは本題に移ります。5年後の比較は図7のとおりです。

都心A　23・3％
地方B　23・3％

図7　5年後の都心と地方

エクイティ利回り＝
（キャピタルゲイン＋インカムゲイン）÷自己資金÷保有期間

前提条件：自己資金3億円、購入価格10億円

ケースA〈都心〉
利回り：3％
5年後に10億円
→12億円（年約3.7％の成長率）

ケースB〈地方〉
利回り：7％
5年後に10億円
→10億円（年0％の成長率）

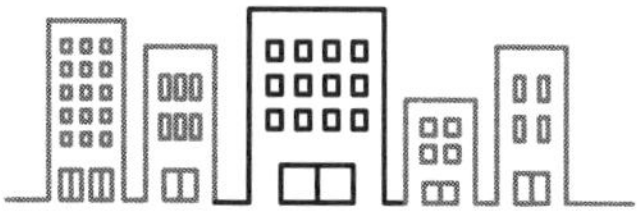

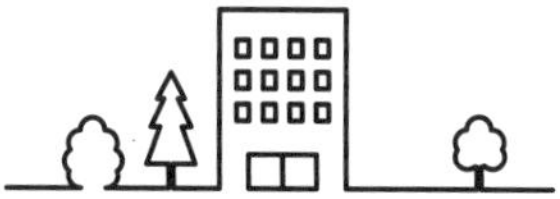

5年後の
エクイティ利回り
（自己資金3億円から得られる
年間の利回り）

23.3％（ケースA）
23.3％（ケースB）

A
①キャピタルゲイン12億円－10億円＝2億円
②インカムゲイン3,000万円×5年＝1.5億円
③（①＋②）÷自己資金3億円÷保有期間5年＝23.3%

B
①キャピタルゲイン10億円－10億円＝0円
②インカムゲイン7,000万円×5年＝3.5億円
③（①＋②）÷自己資金3億円÷保有期間5年＝23.3%

次に100年後の比較は、図8のようになります。

都心A　113　3％
地方B　23・3％

比較は、単利と複利の違いをイメージする目的がありました。ケースAのように、成長が期待できる資産ほど、表面の利回りは低水準に留まります。

表面利回り

A　インカム3000万円÷購入価格10億円＝3％

B　インカム7000万円÷購入価格10億円＝7％

図８　100 年後の都心と地方

ケースA〈都心〉
利回り：3%
100年後に10億円→320億円
(年約3.7%の成長率)

ケースB〈地方〉
利回り：7%
100年後に10億円→10億円
(年0%の成長率)

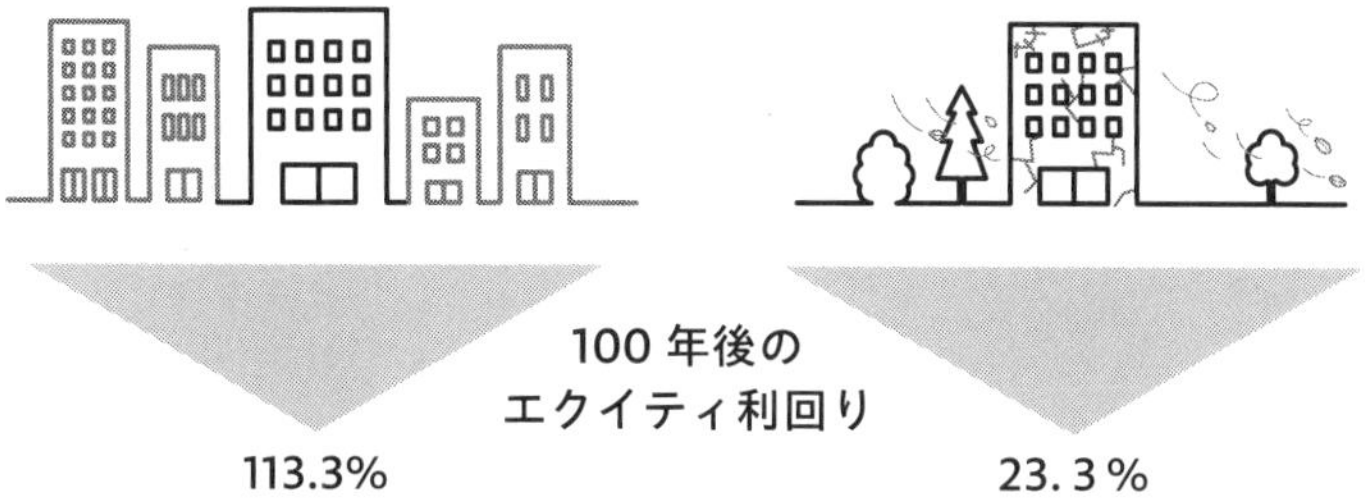

注）毎年約3.7%成長　購入価格10億円→100年後時価320億円
計算式：$10\times(1.037)^{100}$

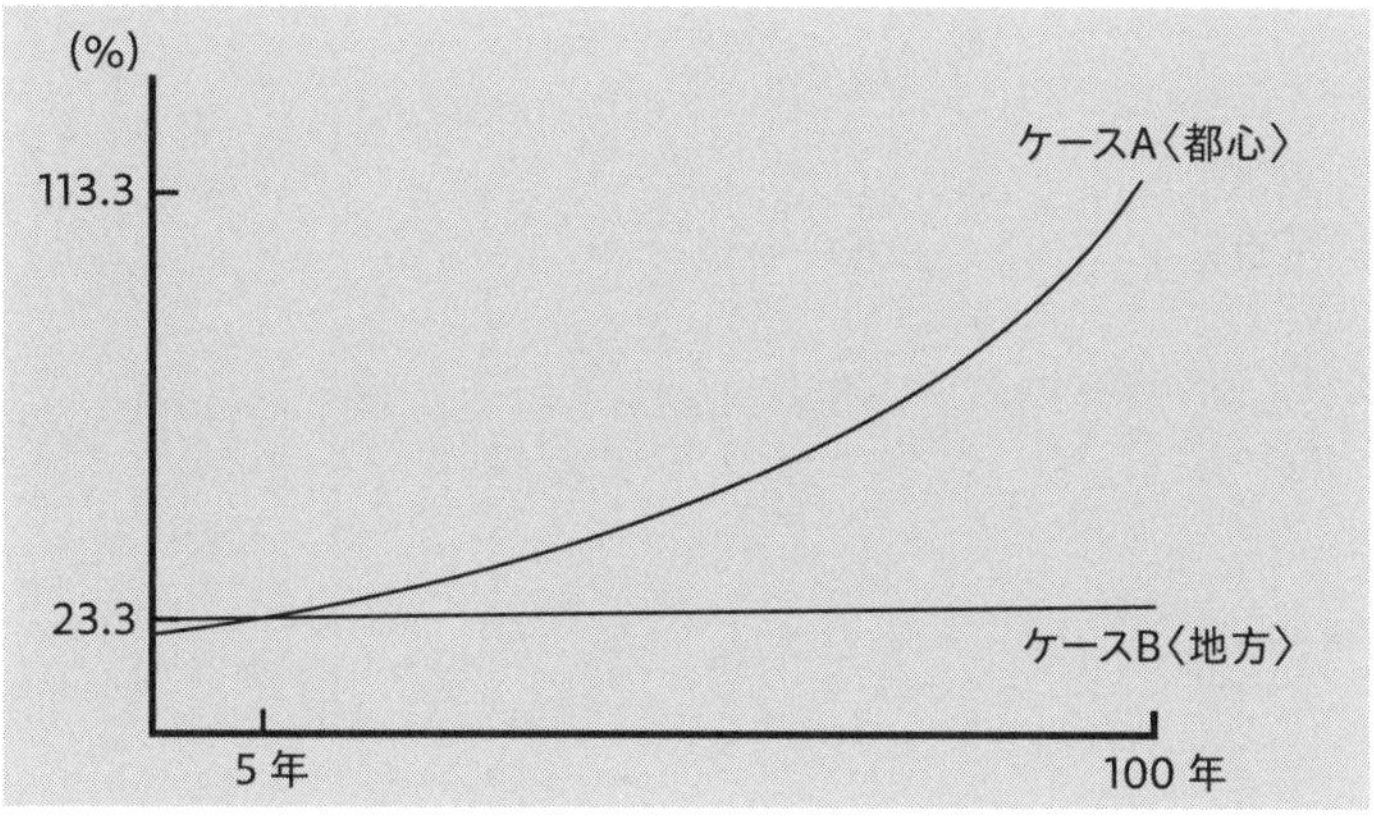

A
①キャピタルゲイン320億円－10億円＝310億円
②インカムゲイン3,000万円×100年＝30億円
③(①+②)÷自己資金3億円÷保有期間100年＝113.3%

B
①キャピタルゲイン10億円－10億円＝0円
②インカムゲイン7,000万円×100年＝70億円
③(①+②)÷自己資金3億円÷保有期間100年＝23.3%

しかし長期・超長期には複利の力が味方して途方もない数値になります。〝72の法則〟に従えば、「72÷3・7＝19・4」、約20年ごとに2倍になるからです。20年後には20億に、40年後に40億、60年後80億、80年後160億、100年後320億円……と。

既に本書のはじめに言及したように、20世紀の資本は〝7年で2倍〟の速度（年率約10％）で成長し続けました。世界を牽引する資本は、少なくともそのベンチマークを超える速度を目標に回転し続けています。ニューヨーク、ロンドン、東京といった都市のさらにその中心地では、世界を牽引するマネーによって成長し続けていくことが期待できるのです。それは、ニューヨークのマンハッタン島や東京丸の内の三菱の歴史に裏打ちされているといえるでしょう。

〝都心一等地を持つ〟ということは、要するにオセロゲームのようなものです。オセロでは、正四角形の番の中で四隅を押さえることができれば、その次の展開が有利に働きます。四隅の次は、外側の縦横のラインを押さえることでさらに優勢の度が増します。東京やニューヨーク、ロンドンといった世界の大都市の超一等地は、オセロの四隅同様に他に類を見ない資産であるということができるのです。

成長のキーワードは「希少性」です。その点では、不動産に限らず、アンティークコインやスタンプ（切手）、スポーツカーなども同様に複利で成長する資産であると思います。しかし、コインなどは収益を生んでくれませんし、レバレッジも利きません。不動産との違いはそこにあります。

こうしたことから、総合的に見て、都心一等地は非の打ちどころがない資産であるといっても過言ではありません。

本書は、都心一等地の優位性を中心に論じました。なぜ、都心一等地なのか？　それは、成長資産であること、相続税から切り離された資産であることの二つが特長でした。

しかし実際に、都心一等地を購入して運用していくためには、資金面の経済合理性が重要です。すなわち、キャッシュフローを回し続けていくということです。そしてそのことは、裏を返せば、相続税対策においても重要な要素となります。

資産を長期にわたり成長させていくためには、相続による資産の分断を回避しなければなりませんから、そのために具体的にどのような手立てを講じる必要があるのか、物件の目利きから始まって、相続の出口をどのように通過したらいいのかなど、さまざまな点を俯瞰的に考慮する必要があります。

それには、豊富な経験と実績、緻密な計算に裏打ちされた確かな対策が講じられなければなりません。

おわりに

21世紀は歴史の交差点です。私たちは、そのど真ん中にいます。人類の歴史を辿れば、東の文明と西の文明とは800年を周期に盛衰が入れ替わってきました。西の文明は、西暦400年ローマ帝国の滅亡により暗黒の中世へ沈み、1200年からの中世都市国家の勃興以降、今日まで隆盛を極めました。そして、再び2000年を境に東の文明と入れ替わろうとしています。

過去のどの交差点においても、東西文明の交わる前後100年の間に、地球を揺るがす大きな紛争や気候変動が起こり世界を二分しました。

文明がクロスする遠因には、地球の気候変動が世界史と相関関係があるという研究者もいます。とくに、18世紀半ばまでの農業社会では気候が生産性に影響し、領土争いに直結しました。その後の進化した世界では、石油が生産性を左右し、争いの火種となりました。

私たちの世界は、大きく変わろうとしています。グローバル資本主義によるパラダイム変化が起きているからです。歴史の方程式を頼れば、残念ながら私たちの日本は、沈みゆく運命にあるようです。新たな資本主義の下で、企業は国の概念を超越した活動をします。しかしながら私たち個人は、旧来のイデオロギーにいまも縛られています。極度な格差社会がやってくることが明らかであるにもかかわらず、どうすることもできないのは、そのためです。

資本主義は、拡大と成長です。ゆえに、唯一それに対抗するためには、世界経済のベンチマークに届くスピードで成長するしかありません。2000年以降、資産は10倍を超える速度で成長し続けています。そして、そのマネーは希少資産に向かっているのです。

東西文明が800年ごとに入れ替わるように、栄枯盛衰はこれからも繰り返されていきます。いま起きているのは、ありとあらゆるモノの価格競争です。それが世界中で繰り広げられています。そのことは、一見するとわかりにくいかもしれませんが、目を凝らして藪《やぶ》の向こうを見ることで、微かながらも映し出すことができるかもしれません。

資金を投じるということは、未来への投資であり、いわば植林のようなものです。樹木が元気に育ち回収できるのは、100年後の未来かもしれません。しかし、ウォーレン・バフェットが時間を味方につけたからこそ成功したように、長い時間軸に想いを馳せたならば、私たちのあり方や未来までも映し出すことができるように思います。

筆者は会津の生まれです。家の歴史は中世に遡ります。先祖は当時、奥州連雀商人頭をしていました。名字帯刀が許されたとはいえ、それは中間管理職のようなもので、間に挟まれた先祖はどれほど苦労したものか、はかりしれません。その後、時代を下った中世後期に会津における商人司を梁田《やなだ》家と競いましたが、敵いませんでした。しかし約500年の時を経て、「(当時)芦原さんとうちとで商人司を競い、梁田家がなった……」と、両家が数百年に亘り続いてきたことを懐かしむように語った、梁田家当主のその言葉が忘れられません。

当家は近世中期より酒造業を家業とし、戦後の農地解放で土地を失ったものの、家業は残りました。しかし日本の高度成長と入れ替わるように、酒造業はしだいに衰退していきました。

こうした家の移り変わりを想うとき、いまの日本と重なるものを感じます。すべきことをせずにいては、「あのときに、こうしていれば……」という後悔の念を、後になって引きずることになります。１００年後の未来の、まだ見ぬ人たちのために、自分はなにができるのか、そうした想いをこの本にしたためました。

２０２３年12月吉日　芦原孝充

特別対談

「成長する資産」の可能性

宮沢文彦氏

株式会社ボルテックス 代表取締役社長 兼 CEO

平成元年早稲田大学商学部卒業。同年、ユニバーサル証券株式会社（現三菱UFJモルガン・スタンレー証券株式会社）に入社する。その後、不動産業界の可能性に着目し、不動産会社への転職を決意。平成7年、株式会社レーサム・リサーチ（現 株式会社レーサム）入社、営業部長として活躍し不動産コンサルティングを行う。収益不動産として高い将来性が見込まれた「区分所有オフィス」に魅力を感じ、平成11年4月に株式会社ボルテックスを設立し、現在に至る。不動産コンサルティングマスター認定者。著書に『100年企業戦略　「持たざる」から「持つ」経営へ』（東洋経済新報社、2018年）、『「区分所有オフィス」投資による最強の資産防衛』（幻冬舎、2016年）、共著に『2030年「東京」未来予想図』（クロスメディア・パブリッシング、2022年）など。

株式会社ボルテックス

1999年創立。収益不動産である「区分所有オフィス®」を核とした資産形成コンサルティング等を業とし、ほか、収益不動産の組成・売買および仲介・賃貸・管理、マンション管理適正化法に基づく管理業務、損害保険の代理業、有料職業紹介事業（在籍型出向マッチングサービス）等の事業を行う。2023年3月時点で受託資産時価総額は4,992億円、管理総数は2,035室。不動産の管理・運用業務委託におけるクライアント数業界第1位の実績を有する（「月刊プロパティマネジメント」2015年～ 2023年11月掲載・調査結果より）

お金の価値は下がる可能性が高い

芦原　今後50年、１００年と資産を引き継いでいくために、さらにはより成長させていくために有望な手段は、都心の一等地への不動産投資だと私は考えております。不動産は相続税からもっとも切り離された資産であることがその主な理由ですが、同時に今後の成長力の点で有望な投資対象であるということもまた大きな理由です。

とはいえ読者の多くの方は、都心の不動産といっても、実際にはイメージがつきにくいかと思います。そこでよりリアルにその魅力を知っていただくために、今、東京の不動産市況をよく知るボルテックス代表取締役社長兼ＣＥＯの宮沢文彦さんと対談させていただくことになりました。本日はどうぞよろしくお願いいたします。

宮沢　こちらこそよろしくお願いします。

芦原　まず宮沢さんにうかがいたいのは、日本人は長きにわたって現金に対する信頼感が強い半面、バブル崩壊で土地神話が崩れて以降、不動産に対して警戒感を持っています。そうした中で、不動産の優位性というものがどのように表れているか、教えていただけますか。

宮沢　芦原さんのおっしゃる「一等地」というのを、当社では「優良地」と呼びますが、おっしゃる通り、日本人はアセットの安全性のイメージとして、図9のような順になっています。つまり一番安全なのは現金で、反対に住宅やビルなどの不動産は安全性に欠けるという心理的な刷り込みがあるように感じます。

宮沢　ところが、アベノミクス以降、国債が大量に発行され、市場にマネーが大量に供給されました。日本銀行のマネタリーベースは、バブル期のなんと約26倍に膨らんでいます。そこにコロナ対策として行われた財政出動が拍車をかけ、市場にマネーがあふれかえっている状態です。その影響で図の左

図９　需給バランスによる価値の変化

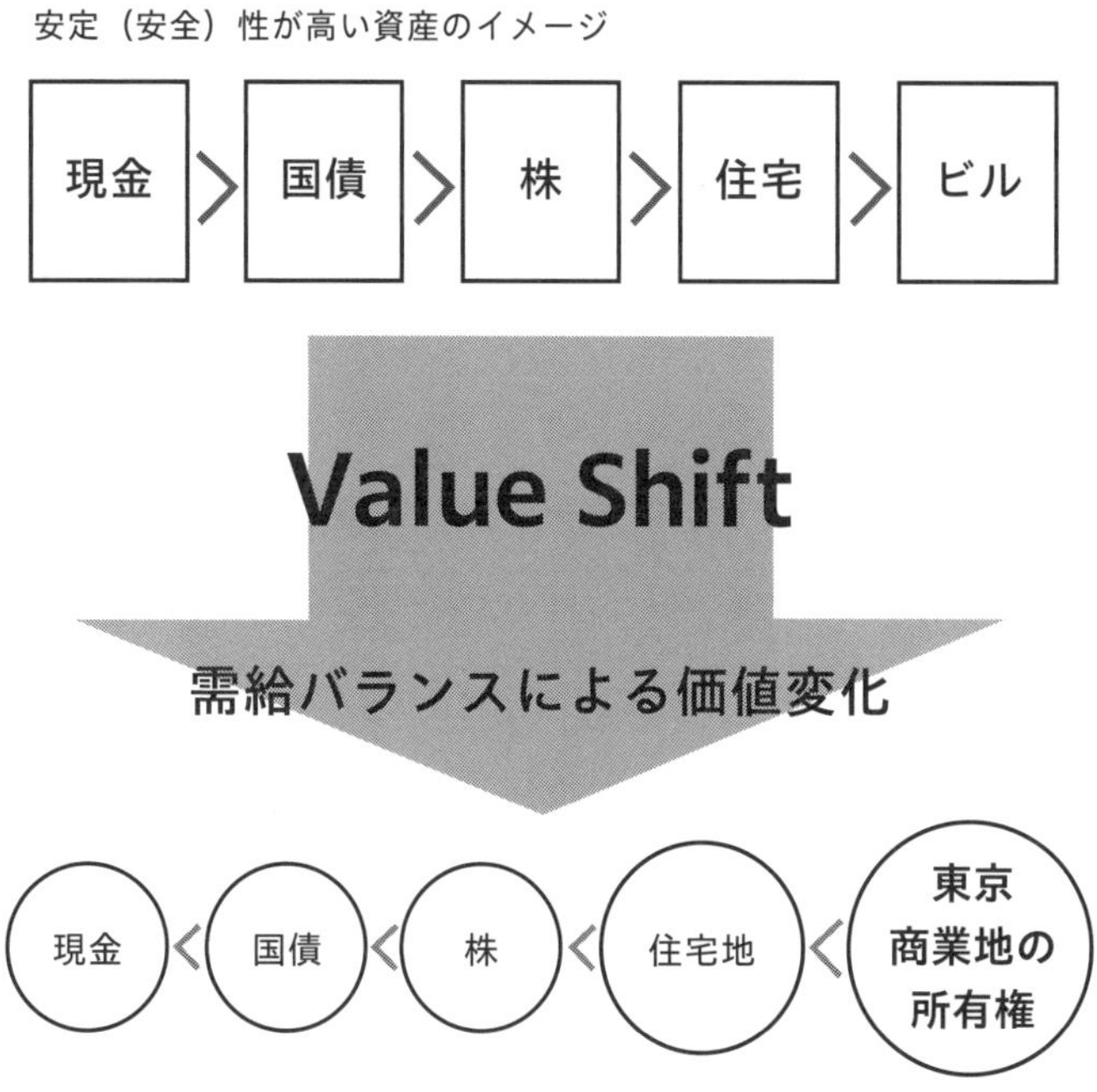

希少性（供給困難度）が高い資産ほど**価値上昇が見込める**

出典：ボルテックス作成

側にある現金、国債、株の供給が一気に膨らみました。多く発行されたものの価値は、長い目で見たときに下がる傾向があります。

もうひとつ重要なことは、これらはデフォルト、つまり価値がゼロになる可能性を持つアセットです。このように人為的につくられた需給バランスとリスク性のかけ合わせによって、図9の右側の住宅、ビルという不動産の需要が相対的に高まってきたということです。

芦原　しかもその二つ（住宅と商業地）の間にも、違いがあるかと思います。

宮沢　おっしゃる通りで、住宅は山を削ったり田んぼを埋めたりして、いくらでも宅地を新たに作れますから、供給し続けられます。しかし我々が扱っている東京の商業地は、海や川を埋め立てない限り、これ以上増やせません。事実上、商業地の面積には限りがある。この点で住宅とはちがい、商業地、とくに都心五区を中心としたエリアの所有権がもっとも希少性が高いと

宮沢氏（右）と筆者（左）

いうことになります。

芦原さんが述べておられます通り、マネーは希少性の低いところから高いものへと流れていきますから、商業地の不動産へと資産がシフトしていく流れが生まれているのが現状です。こういった動きは東京に限らずニューヨーク、シンガポール、ロンドン、香港など、世界の都市で同じような現象が見られます。

芦原　不動産の希少価値が上がっても、バブル期の教訓とデフレによる不動産価格の低迷によって、日本人はいまも現金を大切にする感覚が根付いていいます。この傾向も、これから変わっていくでしょうか。

宮沢　デフレと騒がれてきましたが、需給バランスの原理からいって、長期的に現金の価値が上がることは考えにくいです。人間が生きて死ぬまでには、必ずお金を稼ぎます。稼いだお金は世の中から消えてなくなりませんから、市場に出回るお金は、物理的に永遠に肥大していきます。ですから、基本的にお金の価値は下がる傾向にあるというのが、私の考え方です。

芦原　マネー価値の劣化が必然なら、不動産の値段が上がるのも必然だと？

宮沢　その通りです。戦後70年でいろいろなモノの値段が上がりましたが、一番上がっているのは、日本でもっとも高いとされる東京優良地の土地です（図10）。それに対して、再生産できるものは、さほど上がっていません。

図10　戦後のインフレ率

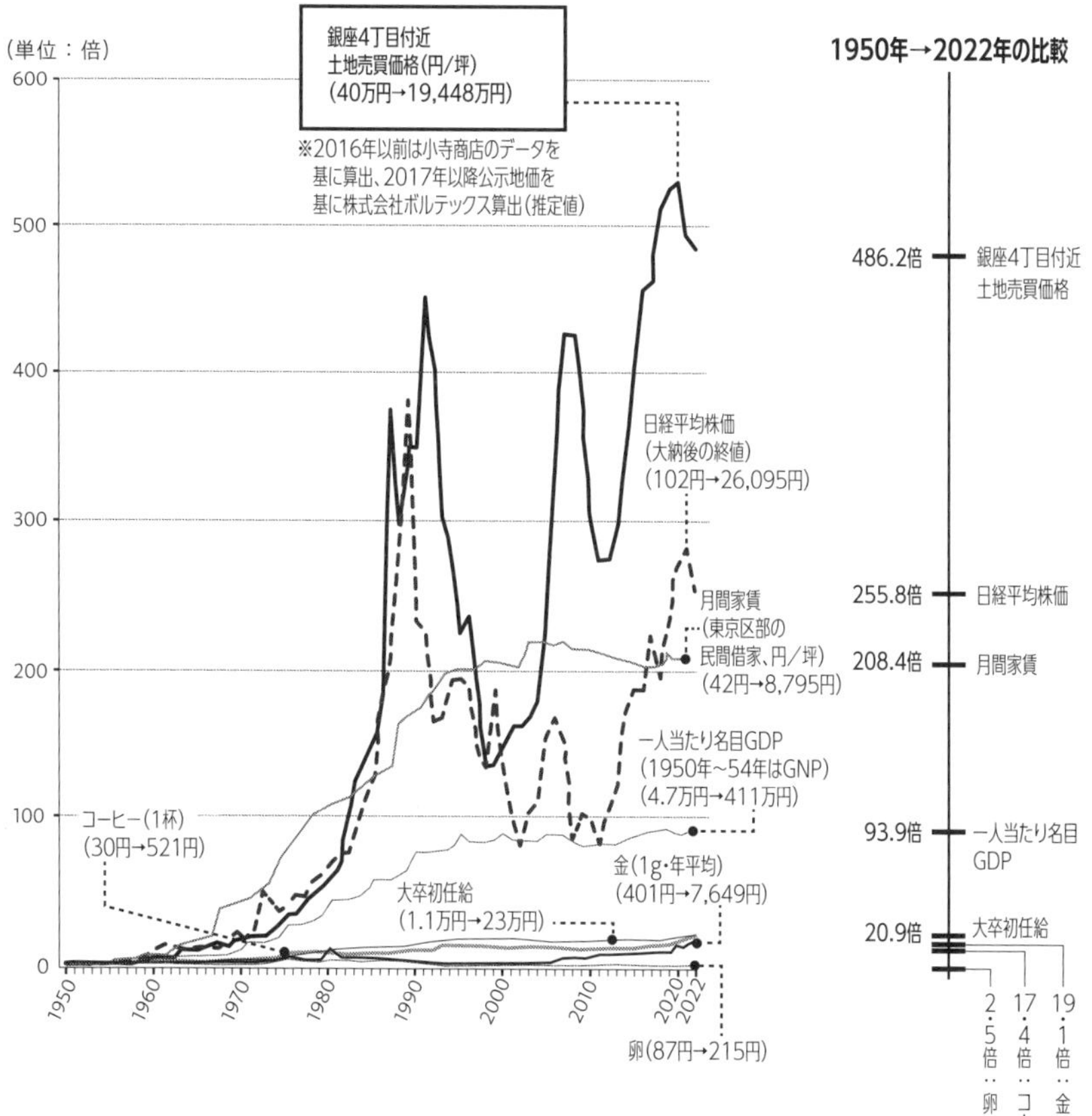

出典：週刊朝日編「値段史年表　明治大正昭和」(1988)　および「戦後値段史年表」(1995)、日経平均株価超長期チャート、田中貴金属、総務省統計局のデータを基に株式会社ボルテックス作成

複利で成長する不動産

芦原　「単利」と「複利」の違いも、資産を考えるうえで重要かと思います。

宮沢　そこは非常に重要です。不動産は複利で成長する富だということを、認識する必要があります。基本的には含みで拡大し、売却しなければ税金もかかりませんから、長い年数でとてつもない数字になっていきます。

芦原　不動産に資産を置き換えることで、それ自体が再投資を繰り返してくれるということでしょうか。

宮沢　不動産投資は時間を味方につけて巨大な富を生む、まさに長期投資のウォーレン・バフェットのスタイルと同じです。いまは50年も継続して保有できる株は少ないので、長期投資の受け皿として都心の不動産の優位性が高まっているのです。資産を後の代まで残したいというときに、節税のために資産を減らすより、払うものは払って資産をより多く残すことを優先するほうがいいと私は思います。十分に払ったとしても、より多くを残し、資産価値が拡大、継続していくことを選ぶほうが、後々資産を増やすことになるのではないでしょうか。

芦原　確かに50年、１００年と長い目で見た場合、不動産がこれだけの富を生むとしたら、「残す」に力を入れることは重要です。そこでお尋ねしたいのは、人口の集積地域としての東京は、今後もますます一極集中の度合いを増していくのでしょうか。

宮沢　日本全体が人口減少に突き進んでいる中で、全国どこのエリアでもコンパクトシティ化していきます。やはり利便性の高いところに人は集まります。その場合、勤務地が東京の人が多いので、東京はますます人口の集積度を高めるでしょう。利便性という意味で、地方との格差も進みます。国内だけでなく、世界の富裕層の多くが高い利便性の割に円安で割安感の強い東京に住みたがっているのでなおさらです。

芦原　やはり、海外富裕層からの東京の不動産需要も高いのでしょうか。

宮沢　たとえば、2023年に開業した複合施設の麻布台ヒルズで一番高額なマンションが約200億円といわれています。400坪で坪単価が約5000万円。なぜこのようになるのかと思われるかもしれませんが、ニューヨークでも400億円のマンションはあります。

コンパクトシティ化が進むと、一番メインの場所は価値が爆上がりし、相対的に二極化していくのです。

利回りの高さは価値の低さ

芦原　一方で、マンション投資を志向する人もいます。その場合、利回りだけを判断基準にしがちですが、以前宮沢さんが「利回りは低いほうがいい」というお話をされていたかと思います。あらためてその説明をお願いできますか。

宮沢 利回りが低いということは、逆算すると賃料の高さを表現しているのです。賃料が高いということは、使い手側も価値が高いと見ていることの表れです。だからこそ家賃単価の高さに対して、物件価格もさらに上がってしまうので利回りが下がります。ですから利回りが低いほど、使い手側が「価値高し」と表現しているわけです。

芦原 物件の売買価格を分母、賃料単価を分子として見る関係でしょうか。

宮沢 たとえば虎ノ門ヒルズの前にある虎ノ門ヒルズレジデンスは固定資産で20数億円でした。これを買ってマスターリースをしてもらうとすると、利回りは0・8%程度です。

芦原　かなりの低水準ですね。

宮沢　ところが、いま約30億円で転売されています。利回りの低さは価値の高さというのはそういうことです。それに対して地方のアパートは利回り6％で買ったとしても、そこから物件価格は値上がりしにくい傾向です。

芦原　将来、値が落ちる分を先取りしているだけで、つまり利回りの高さは、物件そのものの価値の低さを示している……。

宮沢　我々の不動産は総じて利回りは低いのです。高利回りのものを選ぶ人が多ければ多いほど、低利回りのものが割安になりますから、その後の成長が起こりやすい。結果として低利回りで高額なものを選択する我々が勝つ、ということになります。

芦原　なるほど、そこはやはりプロと素人の目線の違いですね。ただ一般の方に説明しても、なかなか理解しづらいところかと思います。

宮沢　私たちが不動産を提供しているオーナーの方々でさえ、なかなかわかってもらえないところですから、当然です。しかし「利回り」の高い物件と、「希少性」の高い物件では、30年後には雲泥の差が生まれます。私たちは希少性からくる将来の変化率のほうを見ています。

芦原　ところが将来の変化率は確定できないため、一般の人の多くは目先の高利回りをありがたがってしまいます。

宮沢　ここで考えていただきたいのは、利回り1％の国債と、5％の国債ではどちらを選びますか、ということです。基礎知識があれば、間違いなく1％の国債を選ぶでしょう。適切なリスクとか投資不適格さを理解しているからです。ところが不動産となると、なぜかそういう考え方ができなくなる。利回り5～6％は、私から見れば高すぎます。にもかかわらず利回りだけで評価する現状は、マーケットとしてまだまだ稚拙です。

東京都心の実態

芦原　少し話がそれてしまうようですが、今回、この本の中で江戸時代からの東京の歴史の変遷についても触れています。というのも、徳川家康が江戸城をつくったと同時に築いてきた街づくりが、形としてそのまま現代の東京に残っていることが見てとれるからです。

戦後の経済成長でドーナツ化現象が起こり、エリアを拡大してきた東京ですが、「失われた30年」によって勢いは衰え、これからさらに失われ続けていくだろうと私は考えています。そうすると、もとの江戸の姿に戻る（経済圏が縮小する）のではないかと危惧しています。

宮沢　江戸時代からの流れでいうと、丸の内辺りがもうほぼ三菱のものになった。陸軍の兵舎があった場所といわれますね。

芦原　それがどういうわけか三菱に払い下げとなり、坪単価20円足らずだったと私は聞いていますが、皇居前から神田まで含む10万坪を手に入れた。

宮沢　総額で127万円。これは当時の東京都の年間予算の3倍という大金です。時代の切り換わりのタイミングで、思い切って土地を買ったわけですが、当時としてはとんでもない金額だったはずです。この「思い切って買う」というのが、不動産投資の肝だと思います。

芦原　当時の人にとっては、大変な値段だったでしょう。何よりも、発展した東京の街を想像できたところに非凡さを感じます。

宮沢　東京の優良地の物件など、ほんの少ししかありません。ビルの数でいえばせいぜい4000～5000棟程度です。我々も見習って年々、大きな不動産を買うようになり、5年前にはGINZA SIXの一区画を買いました。

買うときには思い切って買うことも必要だと考えています。

芦原　都心優良地の物件は、それほど少ないものなのですか。

宮沢　これは都内主要5区での話で、ある程度の規模感のあるビルとなると、そのくらいです。

ここで歴史の話に戻りますが、戦国時代には武力で勝った者がいい収益圏、つまり年貢の取れる土地を支配できるという構図がありました。武将が争っていたのも詰まるところ、不労所得を得るためです。

この図式は、その後会社に置き換えられました。戦前まで東京の会社は、戦いに勝つと丸の内とか八重洲辺りの、お城に近い場所に自社ビルを建てられました。ところが戦後の企業は戦で勝っても、いい場所の土地を手に入れることはできません。残っていないからです。ある時期から日本企業は、戦だけやって領土をとりにいかなくなりました。

芦原　そういう感覚を持つ人がどれくらいいるかは別としても、いつだったか宮沢さんが「自分は東京の土地を皆さんのためにとりにいき、分け与えている」というようなことをおっしゃったことがありました。それがいまも印象に残っています。

宮沢　渋谷辺りを例にとりますと、以前あの辺りには小さなビルオーナーがたくさんいました。それが開発の名のもとに、すべて大手資本に集約されてしまいました。ビルオーナーは減り、富の偏在が起こっています。ところが優良地をほぼ占有した日本の大資本が、株式マーケットの中で外国人に買い集められています。東京という最高の日本の富が、巨大な外国ファンドに次々に持っていかれている。それを日本企業が指をくわえて見ている状態になっています。

芦原　日本の優良地が日本企業ではなく、外資に渡るというのは、忸怩《じくじ》たる思いに駆られます。それにしても、日本の不動産はバーゲンセールとなっている状況だといわれますが……。

宮沢　もともと日本の不動産のポジションは、とくにオーストラリアとかカナダとかアメリカに比べると、ポジションとして低いままです。それに加えほかの国は、金利が上がったことによって、ファンディングをしたときの負担が大きくなりました。相対的に日本でのファンディングが有利になってしまった。さらに為替においても、ドルベースで見た日本の不動産価格は、リーマンショック以降の一番安いときと遜色ない水準です。

芦原　実際のところ、東京は外資に買い漁られているのでしょうか。

宮沢　実は、まだそれほど買えてはいません。まだコロナの影響が残っていて、ニューヨーク辺りのオフィスアセットなどは、いまだ空室率が12～13%ぐらいなので厳しいようです。また、海外のとくにソブリン系ファンドは、平気で不動産に10兆円規模で入れてきますが、東京都心の不動産などせいぜい年間1、2兆円しか動きませんから。

芦原　限られたエリアで売る物件がそれほどあるはずもない、ということですか。

宮沢　我々としては外資系が買い占める前に、国内のお客さんに分散させたいと思っているわけです。

都心不動産を手に入れるには

芦原　ここまでのお話で、都心の優良地は投資対象として今後も有望であり続けることがよくわかりました。とはいえ、どうすればそれが手に入れられるのか、わからない人がほとんどだと思います。

宮沢　都心の商業地の不動産が、ほかの不動産に比べて有利な点は、建て替えと開発にあります。

たとえば、渋谷にある区分で専有部を管理している宮益坂ビルディングは（図11）、２０１１年に坪２２０万円で購入しましたが再開発計画によって無償で建て替えてもらい、数倍の価格になりました。これが、都心優良地の不動産最大のメリットです。このメリットをとりきるには、利回りだけでは測れません。

将来における変化率を、開発や建て替えのところまで勘案して、長期のビジョンで選択しなければいけない。これはなかなか普通の投資家にはできません。不動産会社も、とてもそこまで長期ビジョンを持った選択はしない。そしてこれは、40年、50年、１００年という長いスパンでの話ですから、付け焼刃でできるビジネスではありません。

宮沢　ほかにも、渋谷桜丘の大規模開発の事例もあります。あの辺りは今ほど栄えていない場所でしたが、「いまの見え方」に支配されては駄目なのです。将来のイメージをいかに持てるかが重要です。またその逆の見方もあっ

図 11　宮益坂ビルディングの再開発事例

1953年

1953年、竣工
日本初の分譲マンション。当時ではまだ珍しいエレベーター付き住宅でエレベーターガールもいるマンション。企業の重役などから申し込みが相次いだ。当時の販売価格は100万円前後。

2011年6月

ボルテックスが2区画を約220万円／坪で取得

老朽化が著しくなり、外壁に剝落防止用の金属ネットが設置されているような状況。

2016年2月

2016年2月、解体工事に着手
解体費：約5.6億円

2017年1月

2017年1月、本体着工
建設費：約68億円
(約155万円/坪)

2020年7月

2020年7月、竣工
竣工から67年の月日を経て旭化成不動産レジデンス(株)により「宮益坂ビルディング　THE　SHIBUYA OFFICE」「宮益坂ビルディング　ザ・渋谷レジデンス」として生まれ変わる。

て、たとえ新築のレジデンスでも、40年後の老朽化した姿をイメージできるかということも大切です。

芦原　かつての西新宿を始め六本木、渋谷など、どの開発地もビフォー、アフターを比較すると、住人の立ち退きが完了するまでには、苦労したと思います。どうやってこれほどの用地開発ができるのかと、いったん止まってしまうのですが、やはりプロにかかればできてしまうものですか。

宮沢　最初はできませんでしたが、その後、バブル崩壊などでいろいろな経験を経て成功事例ができたことで状況が変わっています。

というように、過去の成功事例から簡単に計算できるようになったので、交渉はずいぶんスムーズになり、用地開発もスピードアップしています。建て替え開発長者の人がそこかしこにいますから、簡単にイメージができるようになっています。

最近では、地権者がもらったものを完成直前に売るといったこともよく行われていて、東京はこれから開発スピードが速くなってくると思います。とくに港区は、ほとんどのエリアが開発されてしまう危惧があります。所有権を持っている人は宝くじのような経験ができるでしょう。

ただ、小さなビルを持っていてもあまり価値がありません。大きなビルの一部を持っていたほうが有利です。区分所有で1部屋持っていて3坪の共有持ち分を抱えていた人のケースでは、大手不動産会社が坪1億円で買い上げたという事例もあります。

一方で、現代のマンションは住宅地につくりますから、開発メリットを受けにくいといった差もあります。

芦原　なるほど、将来成長する場所や物件の具体的なイメージは、プロに相談する必要がありそうですが、都心優良地での資産の組み換えはしやすくなったことがわかりました。

心理的な壁をいかに乗り越えるか

芦原　宮沢さんにはこれまでも、プロが考えることと我々一般の人間の目線とでは、ずいぶん違うものだということを教えていただいてきました。特に記憶に残っているのは多少難があるぐらいの物件、たとえば北向きで一般の人だとちょっと嫌だなと思うものをプロは狙う、というお話をうかがった覚えがあります。

宮沢　不動産投資の初期の頃は、逆ばりをする訓練、好みに左右されない練習が必要です。私どもも好き嫌いで見ない訓練をしたものです。

芦原　初期という話ですが、今はまた違うのでしょうか。

宮沢　今は比較的、希少性を取りに行きますから、結果として良い場所、良い物件というのが多くなりますね。

芦原　いわゆるプレミアム物件といったイメージでしょうか。その方が長期目線で見たときに資産価値が非常に高く、調整がかかるということですか。

宮沢　初期の段階はまだ物件の値上がりというものの現実性、手応え感がなかったですね。だからどっちかというと下値硬直性の高い物件の方が堅かった。希少性はあるとしても、優良地クラスには攻めていけない。やはり怖いんですね。ただ明確に上がりはじめた頃合いを見て、優良地クラスへとシフトしてきたというところです。

芦原　最後に、購入の際に必ず突き当たる、心理的な壁をいかに乗り越えるかというところをお尋ねしたいと思います。自分の住む不動産は持っていても、初めて不動産貸付用の都心の物件を手にしたいというとき、希少性のある物件が有望だとわかってもやはり行動できないという人も多いと思います。

宮沢　逆説的な話になりますが、過去を振り返ってみますと、心理的な負荷がなく最もイージーに投資ができた時期とアセットをあげるとすると、バブル期の不動産投資なのです。

芦原　迷いも不安もなく、われもわれもという状態が、一番危険なのでしょうか。

宮沢　みんなが安心して大丈夫だと言っていたら、ブレーキをかけるべきときです。逆にいえば、不安度がある程度、強いのが安心度の証明でもあるのです。「そうはいってもちょっと乗り切れない」と言っているくらいが、本当にいい状態です。

結局のところ、資産形成は大きなお金を動かして金銭的負担を負うか、もしくはひたすら働いて労力的負担を負うか、そのどちらかしかありません。不動産投資とは前者になりますが、この心理的負担は、ほんの一瞬です。

私の場合、これまでに約600億円の固定資産を会社で買っていますが、最初の頃にちょっとした心理的不安を負った後は、安心しかありません。資産を購入する際に考える時間は、年間3時間ずつぐらいです。

芦原　1年間考えた時間を累積して3時間ですか。

宮沢　はい。そしてこの約600億円の固定資産が、企業価値の3分の2を稼いでいます。一方、本業の金銭的負担と労力的負担は尋常ではありません。今週も新潟、広島、福岡と行って、ボロボロになりながらようやく稼ぎ出しているのは全体の3分の1。不安は最初だけのことで、あとはいたって安心。その意味で不動産取得とは負担に対する成果が非常に優れていると思います。

芦原　買ったことがない人はその最初の負担が幻のように立ち上がってきて、踏み込めないものですが、一瞬の不安と恐怖を飛び越えてみれば慣れてしまうでしょう。

宮沢　そこは不思議なところです。不動産を増やせる人というのは、「適切なネジの外し方」ともいうべき才能の持ち主だと思います。それができると、いとも簡単に資産形成ができるようになります。

芦原　人の顔かたちが違うように、心的耐性とか思考のスタイルもちがうものだと思います。おそらく最初は心理的な壁を越えられない人も多いでしょうが、そこはやはり経験とデータの蓄積に基づくアドバイスをもらいながら、一歩踏み込む勇気が必要だと思います。

本日は貴重なお話を聞かせていただき、ありがとうございました。

宮沢　こちらこそありがとうございました。

あとがき

インフレの足音が聞こえてきます。日本でも、東京のマンションが高騰するなど、マネー逃避が少しずつ始まっています。

これについて筆者は、２０１３年６月の『ＥＶＡ ＭＯＮＥＹ ミリオネアの思考軸』において、次のように予測しました。「２０１３年４月に決定したマネタリーベースを２倍にする日銀の決定を受けて、（中略）マネーは機会費用を求めて海外へ流出し始める。この流れは今後、さらに加速する」――と。そして、そのアベノミクスと称された施策が失敗するであろうことを予想しました。

本書は、黒田東彦第31代日本銀行総裁の就任と同時期に出版した前著に対する総括の意味を含んだ実践編です。私たちがいま何をすべきか？ その答えを用意しました。このときだからこそ、多くの方々にも理解していただけるものと思い頁を進めました。

相続を成功させるコツは、財産を失わないことです。そして財産を増やし続けることです。この二つの条件を兼ね備えているのが〝都心一等地〟です。本書はその優位性を余すことなく論じました。

さて、読者の皆さんは、いかがでしたでしょうか。楽しんでいただけたでしょうか。

本書の刊行にあたっては、昨年の秋、出版の依頼をいただいたことがきっかけで、制作作業がスタートしました。仕事がら年末から3月までは繁忙期のために、2023年の春から企画が始まり、実際の執筆が本格化したのは8月末でした。それは、対談にご協力くださった宮沢さんに久しぶりにお会いして、〝覚悟が決まった〟からです。中途半端なことにはできない、と思いました。それから、仕事の合間を縫って一気に書き上げ、10月半ばに原稿ができ上がりました。

最後に、宮沢文彦社長を始め株式会社ボルテックスの皆様のご協力により満足のいく対談ができました。また、編集の佐藤早菜氏の道先案内によってスムーズに進めていくことができたと思います。本書の出版にあたり、力を貸してくださった皆様に心より感謝します。

そして、本書が一人も多くの方々に手に取って読んでいただけることを切に願います。

芦原孝充（あしはら・たかみつ）

芦原会計事務所所長　税理士。1962年、福島県会津の酒造家に生まれる。高校進学を機に上京し、慶應義塾大学大学院商学研究科を修了（経営学・会計学専攻）。コンサルティング会社勤務を経て、1993年に東京芝で税理士開業。長年、企業オーナーや地主への資産・税務コンサルティングに従事。とくに、都心一等地を利用した相続対策を得意とする。2007～2020年、拓殖大学商学部にて教鞭を執る。租税訴訟学会会員。著書に『EVA MONEY ミリオネアの思考軸』（NP通信社、2013年）がある。

相続《そうぞく》の処方箋《しょほうせん》
未熟《みじゅく》な税制《ぜいせい》と新《しん》・資本主義《しほんしゅぎ》の
メカニズムから見《み》える資産《しさん》運用術《うんようじゅつ》

2024年1月25日　第1刷発行

著者　芦原孝充《あしはらたかみつ》

発行者　寺田俊治

発行所　株式会社 日刊現代
東京都中央区新川1-3-17　新川三幸ビル
郵便番号　104-8007
電話　03-5244-9620

発売所　株式会社 講談社
東京都文京区音羽2-12-21
郵便番号　112-8001
電話　03-5395-3606

印刷所／製本所　中央精版印刷株式会社

表紙　三森健太（JUNGLE）
本文デザイン・DTP　西原康広
編集協力　ブランクエスト

C0036

ISBN978-4-06-534669-3